GERHARD STUMPP

REISEGRÜSSE AUS DEM LÄNDLE

Reisegrüsse aus dem Ländle

GERHARD STUMPP

Baden und Württemberg in alten Postkarten-Ansichten

JAN THORBECKE VERLAG

INHALT

EINE KLEINE GESCHICHTE DES REISENS

Das Reisen – die menschliche Sehnsucht nach Aufbruch, Veränderung, Neuanfang oder auch bloße Neugier – wurzelt tief in der Geschichte der Menschen.

Die Anfänge des Reisens

Erste Spuren des Reisens um des Reisens willen finden sich um 1500 v.Chr. in Ägypten. Staatsbeamte der Pharaonen verbanden Dienstreisen mit Besichtigungen der Sphinx, der Stufenpyramiden von Sakkara und der Pyramiden von Gizeh – noch heute sind diese Ziele bei Reisenden aus aller Welt sehr beliebt.

Herodot (ca. 484–425 v.Chr.), der griechische Historiker, war einer der wichtigsten Reisenden der griechischen Antike. Er bereiste das Mittelmeergebiet bis hinauf zum Schwarzen Meer in der Absicht, Sitten und Gebräuche ferner Länder kennen zu lernen und die Fremde(n) zu verstehen. Seine minutiös ausgearbeiteten Reiseberichte geben einen grundlegenden Eindruck über das Reisen an sich und die Menschen fremder Länder. Herodot schildert die Alltagswelt der Völker in all ihren Ausformungen, die Landschaft, besondere Bauwerke und das Staatswesen. Seine in insgesamt neun Bänden überlieferten Schriften sind nicht nur ein wertvoller Beitrag zur Geschichtsschreibung, sondern vor allem auch für die frühe Form der Reiseliteratur.

Pausanias (ca. 115–ca. 180 n.Chr.) wird oft als der »Baedeker der Antike« bezeichnet. Seine in zehn Bänden erhaltene Beschreibung Griechenlands liefert für den modernen Leser eine lebendige Darstellung der antiken Welt, zumal er sich auch kleinen und entfernt liegenden Orten widmet. Zugleich ist das Werk für die Archäologie wie für die Kunstgeschichte von Bedeutung, da Pausanias' exakte Beschreibungen beiden Disziplinen die Möglichkeit zur Rekonstruktion von Bauten und Kunstschätzen bieten.

Das Römische Reich schuf durch sein Straßennetz und die Organisation des Schiffsverkehrs die Grundlage zunächst für seine militärische Macht und bot zugleich die Möglichkeit, große Entfernungen in relativ kurzer Zeit zu überwinden. Der Ausbau der antiken Infrastruktur legte gleichsam den Grundstein für den zivilen Reiseverkehr. Wohlhabende Römer hielten sich in den Sommermonaten außerhalb Roms auf, in den Bergen oder am Meer. Beliebt waren auch Badereisen nach Ägypten, Griechenland oder zum Golf von Sorrent und jenem von Neapel. Heute lebt die römische Badetradition in Heilbädern wie Baden-Baden oder Badenweiler fort.

Formen des Reisens

Die beste Bildung findet ein gescheiter Mensch auf Reisen

JOHANN WOLFGANG VON GOETHE »WILHELM MEISTERS WANDERJAHRE«

Der Aufbruch in die Ferne unterliegt einer bestimmten Motivation, welche die Art der Reise maßgeblich beeinflusst. Zwar haben sich bis heute die Transport- und Verkehrsmittel, die Straßen und Wege, die Unterkünfte, manchmal auch die Ziele verändert, dennoch gleichen sich die Formen des Reisens: Weiter oben wurde schon auf die Badereise verwiesen, die früher wie heute von Tausenden im Sommer unternommen wird.

Die Pilger- und Wallfahrten, ein alle Gesellschaftsschichten umspannendes Mobilitätsphänomen, nahmen ihren Ursprung in der Heiligenverehrung des Mittelalters und der damit verbundenen Herausbildung von überregional bedeutenden religiösen Zentren wie z.B. Santiago de Compostela, Rom oder Jerusalem. Daneben gab es auch Wallfahrten zu nahe gelegenen Zielen wie Einsiedeln. Der Aufbruch war zumeist religiös motiviert, entweder durch ein Gelübde oder zur Buße. Lag die Versorgung und Unterkunft der Pilger zunächst in der Hand von Klöstern, so entstanden seit dem 13. Jahrhundert verschiedene Gewerbezweige, die sich auf die Bewirtung und Betreuung der Pilger spezialisierten. Zudem entstanden schon vereinzelt Reisebeschreibungen heimgekehrter Pilger, die dem Leser nützliche Hinweise für die Reise boten.

Ebenfalls religiös motiviert war die sogenannte *peregrinatio*, die irische Mönche auf sich nahmen, um das Christentum zu verbreiten. Sie mussten nicht nur das Meer, sondern auch erhebliche Widerstände in der Bevölkerung überwinden.

Eine besondere, bis heute in vielen Formen noch existierende Art zu Reisen stellt die Bildungsreise dar. Aufgrund der räumlichen Distanz und der langen Kommunikationswege mussten Studenten und Gelehrte einst weite Wege auf sich nehmen, um Universitäten und Klöster zu erreichen. Bildung und Studium bedeuteten also zunächst einen beschwerlichen und langen Weg und nicht zuletzt Abschied und Trennung.

Vom 16./17. Jahrhundert an entsteht in England mit der *Grand Tour* eine besondere Form des adeligen Reisens: Die Bildung und Erziehung junger Adeliger wurde nun durch Reisen auf dem Kontinent vervollkommnet. In Begleitung eines Tutors oder Dieners sollten die Sprösslinge aus vornehmem Hause Land und Leute, Geschichte und Kultur kennen lernen. Die Routen führten meist durch Frankreich nach Italien und über Österreich und Deutschland zurück auf die Insel. Nach der Französischen Revolution neigt sich das aufstrebende Bürgertum der Bildungsreise zu. Bildung sollte nicht mehr nur ein adeliges Privileg, sondern Ziel und Vervollkommnung des Lebens sein. Verfügte man über ein wenig Freizeit und finanzielle Mittel, so brachen zahlreiche Bürgerliche auf, um sich selbst zu bilden, ihren Platz in der Welt und der Gesellschaft zu finden.

Neue Transportmittel und neue Reiseziele

E s läßt sich wirklich für einen Reisenden nichts Gefahrvolleres denken, als ein schwer-bepackter, engspuriger, kurzer, mit einem elenden Verdeck versehender Postwagen, welcher durch die schlechten Wege von den gröbsten Postknechten bei stockfinsterer Nacht fortgebracht wird, und der auf so mancher Tour teils mit, teils ohne Verschulden des Postillions umgeworfen wird. Aber nicht allein bei Nacht, auch bei Tage fällt dieses elende Fuhrwerk oft um.

AUGUST LUDWIG VON SCHLÖZER

Reisen vor dem Zeitalter der Eisenbahn war unbequem, langsam, zeitraubend, schmerzhaft und nervlich belastend. Durch die deutschen Kleinstaaten gab es kein einheitliches Post- oder Transportsystem. Die Straßen waren nicht befestigt, führten durch unwegsames Gelände, und kam man ans Ziel, gab es blaue Flecken und geschundene Knochen. Konnte man da noch den Aufenthalt genießen?

1835 hatte die Eisenbahn in Deutschland Einzug gehalten: mit der Eröffnung der Strecke zwischen Nürnberg und Fürth. Obschon das neue Transportmittel anfänglich gegen Wider-stände und die deutsche Kleinstaaterei zu kämpfen hatte, konnte das Schienen- und Strecken-netz bis zum Ende des 19. Jahrhunderts aufgebaut und vergrößert werden. Das neue Be-förderungsmittel ermöglichte nicht nur den Transport von bis dato ungewöhnlich großen Passagierzahlen, es verkürzte auch die Reisedauer erheblich. Wurden anfangs vor allem Großstädte und Industrieregionen miteinander verbunden, so sorgte der Ausbau von Lokal-bahnen für die Erschließung auch entlegener Gegenden. Diese Entwicklungen waren es, die den Boden für den modernen Tourismus bereiteten. Die Eisenbahn bot Menschen aller Klassen ein Transportmittel, die Freizeit in Metropolen, Badestädten oder auf dem Land zu verbringen. Das Wochenende als Erholungs- und Ausflugzeit konnte nun effektiv genutzt werden.

Deutschland rückte sozusagen zusammen. Der Bodensee beispielsweise wurde als touristische Region interessant: An den Ausbau des Schienennetzes war die Verbesserung der Dampf-schifffahrtslinien auf dem Bodensee gekoppelt. Parallel dazu entstanden neue Hotels für Vergnügungsreisende und Strandbäder. Das Gesicht der Region änderte sich. Vor Ort hatte man sich neuen Herausforderungen zu stellen, zumal es mittlerweile einen Mann gab, der Reisenden wertvolle Informationen aus erster Hand bieten wollte: Karl Baedeker (1801–1859). Der Name steht für kompakte und handliche Information, für noch heute gern gewählte Routen, für einen Kanon an Sehenswürdigkeiten und vor allem die Gattung des Reisehand-buchs. Er ermöglichte den Lesern die Wahl bestimmter Routen und machte sie zugleich unabhängig von – meist teuren – Fremdenführern. Durch ihn wurde das Reisen zum Vergnügen.

Wurde ein Ort oder eine Region durch die Schilderung Baedekers touristisch aufgewertet, so bedurfte es noch einer weiteren Entwicklung, damit sich der Leser eine Stadt oder ein Gebäude auch bildhaft vor Augen führen konnte. Durch die Entwicklung und Verfeinerung der technischen Möglichkeiten insbesondere der Fotografie und der Drucktechnik – Walter Benjamin spricht vom *Zeitalter der technischen Reproduzierbarkeit* – konnte eine Neuerung im Postwesen ihren Siegeszug antreten: die Ansichtskarte. Der Reisende konnte nicht nur

EINE KLEINE GESCHICHTE DES REISENS

seine Familie und Freunde grüßen, sondern den Daheimgebliebenen auch einen bildhaften Eindruck des momentanen Aufenthaltsortes vermitteln. Eine Stadt mit ihren vielen Facetten brauchte man nicht mehr ausführlich zu beschreiben, man sah die Silhouette der Stadt. Der Spruch: *Ein Bild sagt oft mehr als tausend Worte*, kann durchaus auf das an der Wende vom 19. zum 20. Jahrhundert neue Medium der Ansichtskarte angewendet werden. Die Ansichtskarten dieser Zeit sind kleine Kunstwerke, die nicht nur sich selbst, sondern auch ihr Motiv inszenieren. Sie sind ein Blickfang für den Empfänger und nicht zuletzt ein Werbeträger. Die Schönheit der Landschaft, der Reiz und Charme einer Stadt sowie besondere Ereignisse wurden nun überregional sicht- und erfahrbar gemacht. Die Ansichtskarte weckte die Reiselust.

Das vorliegende Buch will den Leser auf eine nostalgische Reise durchs Ländle mitnehmen. Die Vielfalt Badens und Württembergs wird durch seltene Ansichtskarten aus der Zeit zwischen 1890 und 1920 gezeigt. Die Reise folgt einzelnen Regionen Baden-Württembergs und zeigt Stationen in der Entwicklung der Ansichtskarte. Das Buch vereint Kurioses und Amüsantes, Unbekanntes und Bekanntes. Vor allem will das Buch die Lust zum Reisen durchs Ländle wecken:

Viel zu spät begreifen viele
die versäumten Lebensziele:
Freuden, Schönheit und Natur,
Gesundheit, Reisen und Kultur.
Darum, Mensch, sei zeitig weise!
Höchste Zeit ist's! Reise, reise!

WILHELM BUSCH

BERKTOLD-FACKLER, F./KRUMBHOLZ, H.: Reisen in Deutschland. Eine kleine Tourismusgeschichte., München/Wien 1997.

KREMPIEN, P.: Geschichte des Reisens und des Tourismus. Ein Überblick von den Anfängen bis zur Gegenwart., Limburgerhof 2000.

RUND UM DEN MALERISCHEN BODENSEE

Zu Wasser und in der Luft

Das Kleinod des Schwabenlandes, das Schwäbische Meer, den Bodensee, sollte jeder
einmal sehen. Weinberge, Obstgärten und Wälder an der einen, schneebedeckte
Häupter von Bergriesen an der anderen Seite spiegeln sich in den grünen Wellen des
Sees.

ENTNOMMEN AUS: WÜRTTEMBERG, DAS SCHÖNE SCHWABENLAND. STUTTGART 1929

Eine Perle im deutschen Südwesten ist zweifellos der Bodensee. Beliebt sind vor allem das
milde Klima, die anmutige Landschaft mit ihren Weinbergen und das imposante Alpenpanorama.

Darüber hinaus ist der Bodenseeraum auch eine eindrucksvolle Kulturlandschaft mit einer
bewegenden und langen Geschichte. Zeugen dieser Geschichte reichen zurück bis in die
Stein- und Bronzezeit und können zum Beispiel in den Pfahlbauten bei Unteruhldingen in
Augenschein genommen werden. Die bedeutendste Epoche vor allem des kulturellen Lebens
war das Mittelalter.

Die wichtigsten Impulse des frühmittelalterlichen Lebens gingen vom irischen Mönchtum
aus, das durch Columban und Gallus Einzug am Bodensee hielt. Durch ihre Mission, die
nicht immer störungsfrei verlief, wurde nicht nur der Grundstein für die Christianisierung
gelegt, sondern vor allem auch der Kontakt zwischen Mönchtum und Herrscherhäusern
gestiftet. Diese Verbindung trug maßgeblich zum Aufstieg der Klöster in der Karolinger-
zeit bei, waren die Kontakte doch für beide Seiten mit großen Vorteilen verbunden.

Es ist sicherlich nicht übertrieben, die bedeutenden Bodenseeklöster wie St. Gallen oder
Reichenau, Weingarten und Stein am Rhein als Zentren des kulturellen Lebens im Abend-
land zu bezeichnen. Die erhaltenen Bauten, vor allem auf der Reichenau, vergegenwärtigen
eine längst vergangene Epoche. Die geschichtliche Bedeutung vor allem der Reichenau
wurde mit der Aufnahme in das UNESCO-Weltkulturerbe im Jahre 2000 deutlich unter-
strichen.

Zudem war Konstanz vom 6. Jahrhundert bis 1827 Bischofssitz, und das bedeutendste Ereignis war das Konzil zu Konstanz von 1414 bis 1418. In dieser Zeit war Konstanz der Nabel
der Welt, und die Spaltung der Kirche wurde mit der Wahl des Papstes Martin V. beendet.
Das Konzilsgebäude, 1388 als Kaufhaus errichtet, empfängt stolz den Besucher am
Konstanzer Hafen.

Doch nicht nur hochkarätige Sakralbauten gibt es zu bestaunen, sondern auch imposante
Schlösser wie auf der Mainau, in Meersburg oder in Langenargen. Hat man nach einer
Besichtigung Ruhe und Erholung nötig, so bietet der Bodensee seine angenehmen Seiten:
zahlreiche Strände und Strandbäder laden zur Erfrischung im kühlen Nass ein. Oder man
gönnt sich einen Kaffee oder besser noch einen vorzüglichen Bodenseewein an der

Uferpromenade und genießt den herrlichen Ausblick. Auch Wassersportfreunde kommen hier auf ihre Kosten: Ein kleiner Segeltörn bei frischer Brise oder einfach und bequem das Schiff von Konstanz nach Lindau nehmen, wo der Besucher von der eindrucksvollen Hafenanlage begrüßt wird.

Auch wichtige Zentren des Fortschritts finden sich an den Ufern des Bodensees, wobei das bekannteste, Friedrichshafen, mit einem klingenden Namen verbunden ist: Graf Ferdinand von Zeppelin. Noch heute wird Friedrichshafen »Zeppelinstadt« genannt. Am 2. Juli 1900 erhob sich das erste Luftschiff, die LZ 1, in die Lüfte und absolvierte ihren Jungfernflug von Immenstaad nach Manzell.

Ein wichtiger Schritt in der Erschließung des Bodenseeraums als wirtschaftliches, aber auch als touristisches Gebiet war die Schaffung der Verkehrsinfrastruktur, vor allem der Anschluss an das Eisenbahnnetz zwischen den 1850er Jahren und ca. 1901, als die Bodenseegürtelbahn am nördlichen Ufer fertiggestellt wurde. Damit hielt das wichtigste Verkehrsmittel des 19. Jahrhunderts im Bodenseeraum Einzug und legte den Grundstein nicht nur für den schnelleren Transport von Waren, sondern vor allem für den Fremdenverkehr. In etwa dieselbe Zeit, in die 1880er Jahre, fällt der Beginn der Personenschifffahrt auf dem Bodensee, als die großen Salondampfschiffe in Dienst gestellt wurden. Doch es dauerte noch bis zum Ende der 1920er Jahre, bis sich die Motorschiffahrt am Bodensee durchsetzte. Das wichtigste Beispiel ist hier sicherlich der Beginn der Fährverbindung zwischen Konstanz/Staad und Meersburg im Jahre 1928.

Die Reise beginnt mit einem Aufenthalt in der ehemaligen Bischofsstadt Konstanz, deren Silhouette vom jenseitigen Rheinufer immer wieder einen fast schon mediterranen Eindruck beim Besucher hinterlässt. Der Weg führt weiter nach Überlingen und Friedrichshafen und am nördlichen Bodenseeufer bis nach Lindau. Vom Badischen ins Württembergische und dann ins Bayerische.

Reise um den Bodensee

 ie Motive der Ansichtskarten aus der Zeit zwischen 1898 und 1913 zeigen die idyllischen Ufer am Bodensee, dokumentieren aber auch den Bau eines Zeppelins bei Manzell und zeigen natürlich auch eine besondere Köstlichkeit des Bodensees: den Wein.

Den Abschluss der Reise um das Schwäbische Meer bilden zwei eher kuriose Beispiele, welche die Vielfalt an Motiven für Ansichtskarten verdeutlichen können.

Eine Karte zeigt sehr anschaulich, dass ein Aufenthalt auf rauher See die Befindlichkeit von Passagieren sehr beeinträchtigen kann. Die Folge ist die allseits bekannte Seekrankheit ...

Ein sehr schönes Beispiel für die Gattung der »Ereigniskarten« bildet eine Ansichtskarte, die anlässlich der Einführung der Einheitsbriefmarke im Jahre 1903 gedruckt wurde. Besonders willkommen war das neue Wertzeichen nicht, und welches Medium eignete sich besser, die Vorbehalte öffentlich zu machen? Ansichtskarten dienten also nicht nur für schöne Urlaubsgrüße, sie konnten auch das Zeitgeschehen kommentieren und karikieren.

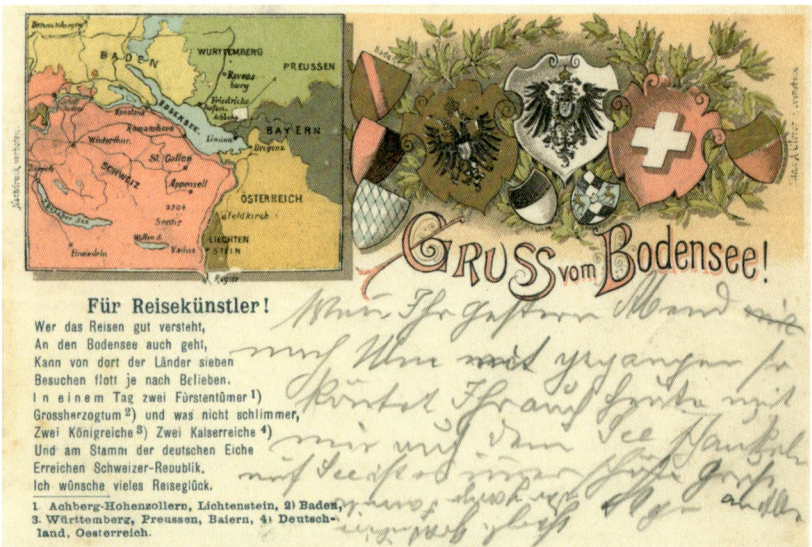

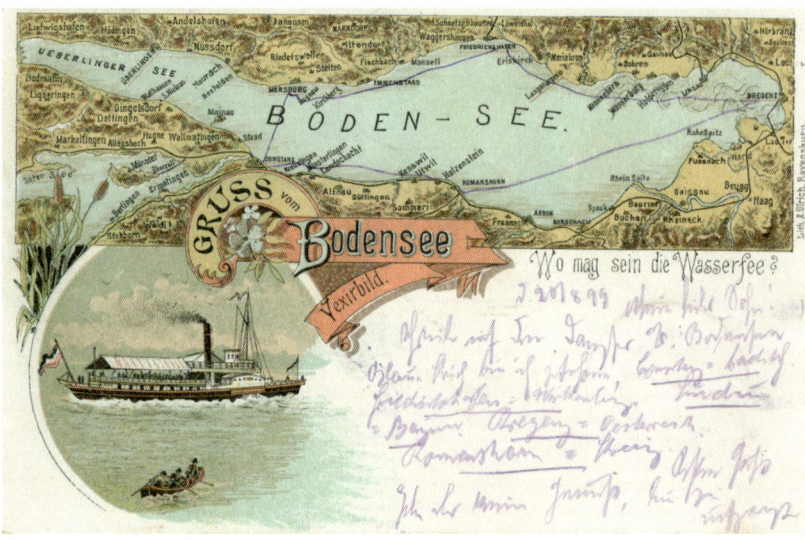

UM 1899, als die Karte entstand, war der Bodensee noch ein »7-Länder-Eck«, wie man dem Reim entnehmen kann. Heute ist der Bodensee »nur« noch ein »3-Länder-Eck«.

WO MAG SEIN DIE WASSERFEE? Einen ganz neuen und ungewöhnlichen Blick auf den Bodensee bietet die Karte mit dem Datum des 20. August 1899. Eine Antwort auf die Frage erhiet man, wenn man die Karte um 90 Grad nach links drehte ...

Gruss vom Bodensee

MIT DEM DAMPFSCHIFF konnte man bequem von Konstanz nach Friedrichshafen oder Lindau reisen und dabei den Bodensee so richtig genießen: malerische Städte am Ufer, das Alpenpanorama und natürlich den Gruß einiger Segler.

14   **DIE BESUCHER,** die sich Konstanz mit der Eisenbahn, per Kutsche oder später mit dem Automobil näherten, erreichten die einstige Bischofsstadt über die Rheinbrücke. Dort zeigt sich die Altstadt, deren Bild vom imposanten Münster geprägt ist, in ihrer stolzen Schönheit.

No. 965. Verlag von Carl Sartori's Nachf., Konstanz. — Druck von Greiner & Pfeiffer, Stuttgart.

DIE ANSICHT ZEIGT flanierende Menschen auf der Marktstätte bei herrlichem Wetter. Links ist das Gebäude der »Kaiserlichen-Ober-Postdirection« zu erkennen, das zwischen 1888 und 1891 erbaut wurde. Die Karte stammt aus dem Jahr 1898.

Gruss aus Ueberlingen. a. B.

IN DER EINST FREIEN REICHSSTADT finden sich mancherlei mittelalterliche Gebäude, darunter namentlich das Rathaus mit seinem Reichtum an gotischen Ornamenten. Hier hat man eine treffliche Aussicht über den See; Ueberlingen verdient, dass man nicht flüchtig an ihm vorüber geht.

DIE KARTE ZEIGT das Bad (!) Friedrichshafen aus der Vogelperspektive. Im Vordergrund sind das Schloss und die doppeltürmige Schlosskirche zu erkennen. Am Horizont erheben sich die Alpen.

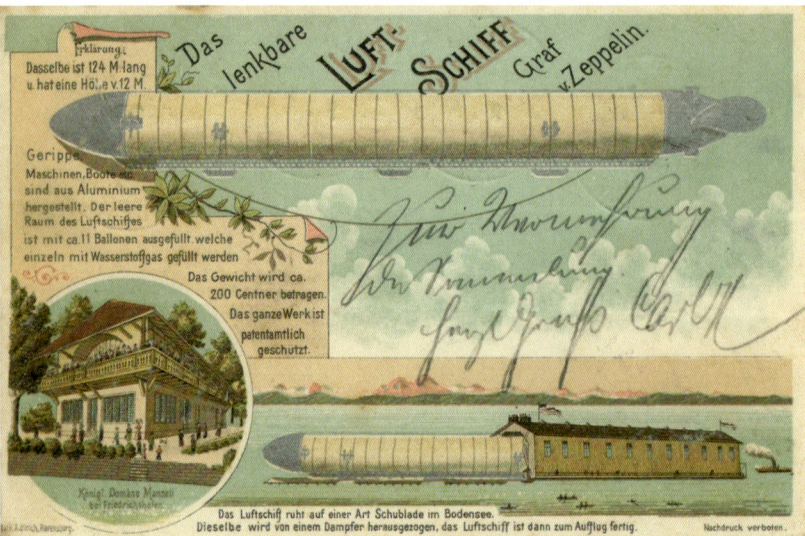

REISEGRÜSSE KÖNNEN AUCH SEHR LEHRREICH SEIN, wie diese Ansichtskarten aus dem Jahr 1899 beweisen. Die Daheimgebliebenen erhalten im wahrsten Sinne des Wortes einen Eindruck von den Ausmaßen und der Fertigung des Zeppelin in einer schwimmenden Montagehalle auf dem See.

Zeppelin'sches Luftschiff über Friedrichshafen

EINEN HERRLICHEN BLICK bietet diese Vogelschau über Friedrichshafen. Auch heute kann man den Bodensee wieder mit einem Zeppelinflug erkunden.

EINFAHRT DES DAMPFERS „KÖNIGIN CHARLOTTE" IN FRIEDRICHSHAFEN.

Bodensee u. Alpenpanorama

STRANDBAD LANGENARGEN am Bodensee

DER SALONDAMPFER »KÖNIGIN CHARLOTTE« gehört zu den sogenannten »Württembergischen Königsschiffen«. Auf dem Achterschiff befand sich ein Rundsichtpavillon mit Glasdach. 1892 wurde der Salondampfer in Dienst gestellt. Die Ansicht zeigt die »Königin Charlotte« in ihrem Heimathafen Friedrichshafen.

LANGENARGEN LIEGT MALERISCH zwischen den Mündungen der Flüsse Argen und Schussen. Es war und ist als Luftkur- und Badeort geschätzt.

Gruss aus Langenargen.

Säntisgruppe.

Lith. v. A. Ullrich, Ravensburg.

Schloss Montfort
vom Park aus

HERRLICH STEHT SCHLOSS MONFORT auf einer befestigten Halbinsel im Bodensee. Während des
14. Jahrhunderts errichteten die Grafen von Montfort hier die »Veste Burg Argen«, die nach dem Niedergang
der Herrschaft mehr und mehr verfiel. Annette von Droste-Hülshoff schwärmte von der schönen Ruine.
Sein heutiges Aussehen verdankt Schloss Montfort den Königen Wilhelm I. und Karl von Württemberg, die
es zwischen 1858 und 1866 im maurischen Stil errichteten und als Sommerresidenz nutzten.

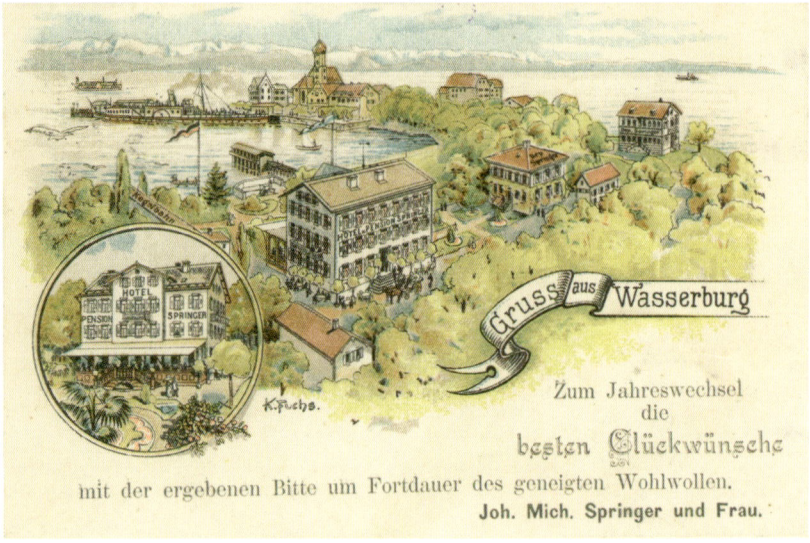

RUHE UND ERHOLUNG findet man in dem hübschen Städtchen Kressbronn, das zwischen Obst- und Weingärten liegt. Zudem ist der Ort ein idealer Ausgangspunkt für Wanderungen.

HERRLICH LIEGT WASSERBURG am Ufer des Bodensees: Man hat eine wunderbare Sicht auf das österreichische und schweizerische Ufer und das eindrucksvolle Alpenpanorama. Besonders anziehend ist die Halbinsel, auf der sich die katholischen Kirche St. Georg erhebt. Was kann schöner sein, als kurz vor dem Jahreswechsel (1899/1900) einen Gruß vom Bodensee zu bekommen?

Teilansichten der Naturwein-Grosskelterei Gebrüder Caprano in Wasserburg a. B.

WEITHIN BEKANNT UND GESCHÄTZT ist der Bodensee-Wein. Was gibt es Schöneres, als eine Kelterei zu besichtigen, bevor man sich ein Viertele gönnt?

AM HAFEN haben dem König Max II., *dem Förderer des Verkehrs, Erbauer dieses Hafens und Vollender der durch Ludwig I. begonnenen Süd–Nordbahn, – die dadurch verbundenen Städte* 1856 ein Standbild errichtet. Es wurde von Halbig entworfen, am Fußgestell die Wappen der Städte, nebst den symbolischen Figuren »Schifffahrt, Industrie, Handel und Wissenschaft«.

No. 3. Verlag v. Eduard Schwarz, Friedrichshafen. — Druck v. Greiner & Pfeiffer, Stuttgart.

Ausfahrt des bayr. Dampfers „Rupprecht" aus dem Hafen von Lindau.

1892 WURDE DER SALONDAMPFER »RUPPRECHT« in die Dienste der Königlich Bayerischen Staats-eisenbahnen gestellt. Der bekannte Künstler Fuchs hat um 1900 die Ausfahrt des Dampfers aus dem Heimat-hafen festgehalten.

25

Gruss vom Bodensee!

Fünf Staaten um den See herum
Das ist doch ein Unikum!
Land und Leute sind verschieden,
Deutsch spricht Jeder nach Belieben,
Im Punkte wo sie einig sind,
Dies besorgt nur Sturm und Wind.

DASS BEI RAUHER SEE eine Schifffahrt recht unangenehm sein kann, führt diese Ansichtskarte von 1897 drastisch vor Augen.

IM JAHRE 1903 wurde die deutsche Einheitsbriefmarke eingeführt. Die Zeit der bayerischen und württembergischen Briefmarken war damit vorbei.

VON OBERSCHWABEN INS ALLGÄU

Anmutige Landschaften – Lebendiges Brauchtum

Zwischen den Ufern der Donau und den blauen Bergketten der Alpen liegt eine Landschaft voll Eigenart und Besonderheit. Hier haben die Gletschermassen der Eiszeit ihre Runen ins Antlitz der Erde gegraben, hier erzählen blaue Seen und unzählige Moränenhügel dem kundigen Beobachter von einer längst versunkenen Vergangenheit in Eis und Kälte. Aber viele Jahrtausende sind seit dieser Zeit gekommen und vergangen. Heute malen grüne Matten, gemächlich weidende Viehherden, kirchturmgeschmückte Dörfchen, sanft gewölbte, tannenbestandene Hügelkuppen, große Seen und eine Unmenge von Flüssen und Bächen das Bild der Landschaft.

Es ist etwas Eigenartiges um die Gewässer dieser Landschaft. Einmal fließen sie fast unhörbar zwischen moorigen Ufern, ein andermal stürzen sie in heißem Ungestüm mit lautem Krachen durch steil abfallende Schluchten. Die gewaltige Schönheit dieser wildgewordenen Wassermassen bleibt jedem, der sie sah, unvergesslich. Den westlichen Teil Oberschwabens bildet das Hegau mit seinen zum Teil steil aus der Ebene aufsteigenden Vulkanbergen, von denen der in Scheffels »Ekkehard« verherrlichte Hohentwiel mit der größten Burgruine Deutschlands der bekannteste ist. [...] Nach Osten hin folgt, als Vorland der Alpen, das württembergische und bayerische Allgäu, ein Reisegebiet, dessen Namen auch jenseits der deutschen Grenze guten Klang hat.

ENTNOMMEN AUS: WÜRTTEMBERG, DAS SCHÖNE SCHWABENLAND. STUTTGART 1929

Die Region von Oberschwaben bis zum württembergischen Allgäu vereint in einzigartiger Weise landschaftliche, architektonische und kulturelle Reize und bietet somit für jeden Reisenden zahlreiche Möglichkeiten für Ausflüge, Besichtigungen und Touren. Doch auch Erholung Suchende und Sportfreunde kommen hier voll auf Ihre Kosten.

Oberschwaben gilt als Land der Kirchen und Schlösser und ist besonders bei Barock-Liebhabern sehr beliebt. Wie kaum eine andere Region vereint Oberschwaben eine herrliche Landschaft mit prächtiger Architektur und lädt so zu einem Rundgang durch den süddeutschen Barock ein: Von Schloss Monfort in Tettnang zur Basilika Weingarten, einem Juwel barocker Sakralarchitektur.

Hier finden sich zahlreiche ehemalige Freie Reichsstädte, wie Biberach, Isny, Leutkirch, Ravensburg und Ulm. Jede dieser stolzen und alten Städte lädt den Besucher auf einen Rundgang durch die Stadtgeschichte ein: Prächtige Bürger- und Ständehäuser künden von dem seit dem 16. Jahrhundert zunehmenden Selbstbewusstsein des aufstrebenden Bürgertums. Die oft engen und verwinkelten Gassen in den historischen Stadtzentren atmen bis heute den Geist der Geschichte und sind immer eine Entdeckungsreise wert: Man findet verträumte Hinterhöfe, schmale, eng aneinander geschmiegte Häuser und eindrucksvolle Fachwerkhäuser.

Tradition ist in Oberschwaben und im Allgäu gelebte Gegenwart. Stadtfeste und Bräuche legen hiervon beredtes Zeugnis ab: Das »Rutenfest« in Ravensburg ist jedes Jahr kurz vor den Sommerferien *das* Ereignis der ehemaligen Reichsstadt. Höhepunkt des mehrtätigen Heimatfestes ist der große Festumzug, bei dem die Geschichte der Stadt wieder auflebt: Schulkinder und Schüler ziehen in historischen Kostümen als Rutenkinder, Welfen, Staufer und Habsburger oder als Vertreter des Handwerks durch die Straßen der Stadt. Wann genau das »Rutenfest« zum ersten Mal in Ravensburg begangen wurde, ist unklar. Nach einer Überlieferung machten Lehrer mit ihren Schülern einen Ausflug ins Grüne. Dort wurden die Ruten geschnitten, die der Lehrer zur Züchtigung seiner Schüler verwendete. Tausende Schaulustige und ehemalige Bewohner Ravensburgs zieht es in diesen Tagen in die Stadt.

Ein weiteres Beispiel für oberschwäbisches Brauchtum ist der »Blutritt« in Weingarten. Seit über 900 Jahren wird die »Heilig-Blut-Reliquie«, die nach der Überlieferung einen Blutstropfen von Jesus Christus enthält, in Weingarten verehrt. Am Freitag nach Christi Himmelfahrt, dem sogenannten »Blutfreitag«, wird die Reliquie in einer feierlichen Reiterprozession durch die Stadt und die Umgebung getragen. Ein beeindruckendes Ereignis, das jedes Jahr Tausende Besucher anzieht.

Auch kulinarisch haben Oberschwaben und das Allgäu viel zu bieten: Als Vorspeise eine »Flädlesuppe« oder »Gaisburger Marsch«. Als Hauptgang sind zu empfehlen: Linsen mit Spätzle und Saitenwürstle, Maultaschen mit Kartoffelsalat oder Krautschupfnudeln. Sehr habhaft sind »Kässpätzle«, die man nach Belieben nur mit Emmentaler oder, wer's deftiger mag, mit Bergkäse anmacht. Als Nachspeise bieten sich »Nonnenfürzle«, ein warmer »Ofenschlupfer« oder »Kranzbrot« an. Solch deftige Kost ist nach einem langen Reisetag genau das Richtige, um sich entspannt zurückzulehnen, die Eindrücke des Tages zu verarbeiten, ein Glas Wein zu genießen und – nicht zu vergessen – eine Ansichtskarte an Freunde und Bekannte zu schreiben.

Es geht weiter nach Wolfegg. Nach einem kurzen Abstecher ins schöne Allgäu führt die Reise weiter nach Norden, mit Aufenthalten in Bad Schussenried, Bad Waldsee und Biberach bis nach Ulm. Eine abwechslungsreiche und interessante Reise durch herrliche Landschaften, zu prächtigen Schlössern und Klöstern und traditionsreichen Heimatfesten.

TETTNANG

Totalansicht mit Bodensee und Alpenpanorama

DIESE TOTALANSICHT ZEIGT DEN BESONDEREN REIZ VON TETTNANG: Die Stadt schmiegt sich zwischen die Bodensee-Region und das Allgäu. Zwei herrliche Landschaften, die Tettnang flankieren.

TETTNANG

Schloss Montfort

DAS WAHRZEICHEN VON TETTNANG ist das Schloss Montfort, eine beeindruckende Barockanlage oberhalb der Stadt. Besonders sehenswert ist der Bacchussaal im Südflügel.

RAVENSBURG IST DIE STADT DER TÜRME UND TORE und lädt zu Erkundungen ein: kulinarisch und kulturell. Man kann durch verträumte und verwinkelte Gassen schlendern, die Veitsburg hoch über Ravensburg erklimmen und die herrliche Fernsicht genießen. Zu einem geselligen Ausklang des ereignisreichen Tages laden die zahlreichen Gaststätten und Wirtshäuser.

JEDES JAHR IM SOMMER IST DAS RUTENFEST in Ravensburg ein wahrer Publikumsmagnet: Während des Festumzugs kann die Stadtgeschichte nacherlebt werden. Danach gibt es für Alt und Jung, für Groß und Klein, Einheimische und Besucher viel zu feiern!

34

JEDES JAHR AM FREITAG NACH CHRISTI HIMMELFAHRT wird am sogenannten »Blutfreitag« die Heilig-Blut-Reliquie in einer eindrucksvollen Reiterprozession durch Weingarten und dessen Umland getragen. Tausende Reiter und Besucher verfolgen jedes Jahr dieses für Weingarten so bedeutende Ereignis. Die Ansichtsseite der Karte aus dem Jahr 1900 zeigt neben der Prozession auch das Reliquiar (links oben), die Basilika auf dem Martinsberg und gibt einen Eindruck vom Langhaus der Basilika mit Blick auf den Hochaltar.

IMPOSANT RUHT EINE BEMERKENSWERTE SCHLOSSANLAGE in der reizvollen Landschaft Oberschwabens: Schloss Wolfegg, der Hauptsitz der Fürsten zu Waldburg-Wolfegg und Waldsee. Die Schlossanlage bildet ein herrliches Ensemble oberschwäbischer Adelskultur. Die Brauerei wurde 1875 gegründet und nannte sich 1890 Fürstliche Bierbrauerei. Die Ansicht stammt aus dem Jahr 1901 und zeigt flanierende Menschen in der Stadt Wolfegg.

Wahre bildnüss des Pahnhofs zu Ysni im Allgäw año 1900.

Bauern: Mir wend bigott ou no mit!
Beamter: Sell ischt heit unmöglich, mir hent ällweil koin Dampf.

Bahnhof 1906

Gruss aus ISNY i. Allgäu!

DEN WANDEL EINER STADT zu einem Verkehrsknotenpunkt zeigt diese Karte auf amüsante Weise. Mit dem Eisenbahnanschluss und dem Bau eines stattlichen Bahnhofsgebäudes ist Isny um 1906 am Puls der Zeit.

Die fesche Peppi:
Jessas, Herr Doctor, schau'n Sie guat aus,
ma steht, Sie kommen net von z'Haus.

Doctor Schulze:
Mein Kind, da täuschest Du Dich sehr,
directewang von Berlin komm' ich daher.
ich stehe dort in gutem Futter,
esse nur Eisenharzer Tafelbutter.

DAS KLEINE STÄDTCHEN EISENHARZ bei Argenbühl im Allgäu war schon um die Wende vom 19. zum 20. Jahrhundert ein Geheimtipp. Die Schreiber dieser Karte bezeichnen die Gegend um Eisenharz als »beau pays« (schöne Landschaft).

EINE MUNTERE REISEGESELLSCHAFT trifft da in Leutkirch ein: Anni, Marie, Mutter und Vater.
Am 27. November 1924 sandte der Kartenschreiber Emil »Grüße an alle«.

Gruss aus Leutkirch.

Postplatz.

6279 Verlag v. J. Rieger, Leutkirch. Nachdruck verboten 1905.

AM ABEND NACH LANGER UND ANSTRENGENDER REISE braucht man eine warme Mahlzeit, ein Dach über dem Kopf und ein warmes Lager.

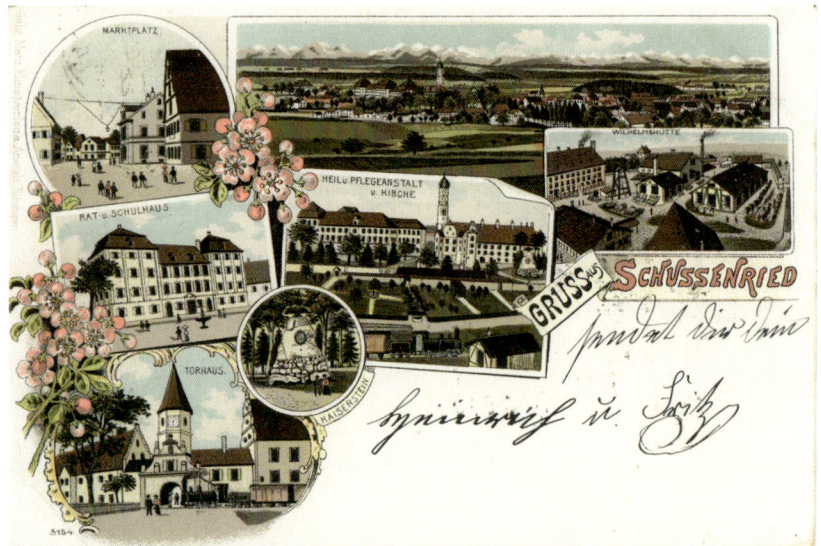

DER BLICKFANG BAD SCHUSSENRIEDS war und ist das Prämonstratenserkloster. Um 1900, als die Ansicht dieser Karte entstand, wurden die ehemaligen Konventbauten als Heil- und Pflegeanstalt genutzt. Die Wilhelmshütte existiert noch heute und gehört zu den Schwäbischen Hüttenwerken. Der Marktplatz, das Torhaus und der Kaiserstein lohnen immer einen Spaziergang.

BAD WALDSEE, 1956 MIT DEM PRÄDIKAT »MOORHEILBAD« VERSEHEN, zeigt sich auf dieser Ansichtskarte von seiner reizvollen Seite: An den schönen Stadtsee schmiegt sich der Ort, im Hintergrund erhebt sich das Schloss Waldsee. Die Silhouette der Stadt wird von den Doppeltürmen der Stiftskirche St. Peter bestimmt.

DIE WALDBURG ist die Stammburg des Truchsessen- und Reichsfürstengeschlechts Waldburg. Ein Blickfang ist nicht nur ihre prominente Lage, sehenswert sind auch die Räumlichkeiten, wie zum Beispiel der Rittersaal.

VOR DEM RIEDLINGER THOR.

Biberach a. R.

42

DIE EHEMALS FREIE REICHSSTADT BIBERACH bietet dem Besucher zahlreiche Möglichkeiten, das besondere Flair der Stadt zu erkunden, am besten während eines gemächlichen Spaziergangs. Dabei kann man nicht nur die eindruckvollen Tore, sondern auch idyllische Gartenhäuschen auf sich wirken lassen.

Der Festzug

Gruss vom Biberacher Schützenfest.

I. Preis.

Wagen des Schützentheaters

Kleine Schützenmusik.

Wagen des Schützentheaters

DAS »SCHÜTZENFEST«, DAS TRADITIONSREICHE HEIMATFEST IN BIBERACH, gehört seit langer Zeit in den Festkalender der Stadt und ist nicht nur bei den Einheimischen sehr beliebt, sondern auch ein Erlebnis für jeden Besucher der Stadt. Die Ansicht um 1903 zeigt den Festzug des Schützentheaters.

STOLZ RUHT DIE EHEMALIGE KLOSTERANLAGE über dem idyllisch gelegenen Ochsenhausen. Die Umgebung der Stadt und der ehemaligen Benediktinerabtei lädt zu ausgedehnten Wanderungen ein. Besonders reizvoll ist eine Fahrt mit der »Öchsle-Bahn«, die ab 1899 zwischen Ochsenhausen und Wart-hausen verkehrte und noch heute zahlreiche Besucher in ihren Bann zieht.

7143.

Gruss aus Ulm a. D.

EIN NEUER TAG BRICHT AN: Langsam geht die Sonne auf und taucht die unnachahmliche Silhouette Ulms in sattes Morgenrot. In dieser Morgenstimmung kommt der Münsterturm besonders gut zur Geltung.

46   **FASCHING IN ULM!** Das ist die Gelegenheit, beißenden Spott über die Stadtväter und die Politik auszugießen. Noch heute leistet die Brücke dem Straßen- und Eisenbahnverkehr gute Dienste.

VON 1909 AN, neun Jahre nach dem ersten Aufstieg dieses Luftschiffes, wurden Zeppeline auch für die kommerzielle Beförderung von Fahrgästen eingesetzt. Diese Ansichtskarte bietet neben einem herrlichen Blick auf die Stadt Ulm auch eine eher kuriose Betrachtung dieses neuen Verkehrsmittels: Das Luftschiff verbindet die Transportmöglichkeiten eines Automobils und der Eisenbahn in luftiger Höhe.

VOM SCHWARZWALD AUF DIE SCHWÄBISCHE ALB

Höhenflüge über Höhenzüge – Von Wein, Wäldern und Schlössern

Die Reise führt nun quer durch Baden-Württemberg: Von den einstigen badischen Residenzstädten Karlsruhe und Baden-Baden über den Schwarzwald und hinauf auf die Schwäbische Alb. Gerade diese Regionen waren und sind bei Besuchern sehr beliebt, denn sowohl für den Erholung Suchenden als auch für Wanderer und Sportfreunde wie für Liebhaber von Schlössern und Höhlen bietet diese Reise zahlreiche Möglichkeiten.

SCHWARZWALD *In der Südwestecke Deutschlands, zwischen Rhein und Neckar, erhebt sich in stiller Größe der Schwarzwald, der mit Recht das schönste Waldgebirge Europas genannt wird. Verhältnismäßig spät dem Urwaldzustand entrissen, wurde der Schwarzwald durch seinen Reichtum an Naturschönheiten und durch die würzige Luft seiner meilentiefen, hochstämmigen Nadelwälder rasch ein Gebiet, das zu allen Jahreszeiten einen großen internationalen Fremdenverkehr hat. Im Frühjahr lockt das milde Klima und die Blütenpracht der Südabhänge den Großstädter zum ersten Aufenthalt, im Sommer bieten die weiten Wälder und die kühlen Wiesentäler dem Wanderer Erfrischung.*
Von eigenartigem Reiz ist der Herbst, dessen sonnenhelle Witterung die Bergketten in schlichten, schwermütigen Farben erscheinen lässt. An klaren Tagen, und diese sind sehr häufig, reicht der Blick von den Höhen weit hinaus ins Land, bis zu den Schweizer Alpen hin. Nicht weniger schön ist auch der Winter im Schwarzwald. Auf den Schneehängen der Berge und auf den glitzernden Eisflächen der Seen tummelt sich das lebensfrohe Völkchen der Wintersportler. Noch einen besonderen Vorzug hat der Schwarzwald, und der soll hier nicht vergessen sein; an vielen Stellen entspringen dem Schoß der Erde Heilquellen, die schon Abertausenden die Gesundheit wiedergegeben haben.
ENTNOMMEN AUS: WÜRTTEMBERG, DAS SCHÖNE SCHWABENLAND. STUTTGART 1929

Wer denkt beim Schwarzwald nicht gleich an Kuckucksuhren, Bommelhüte, Schwarzwälder Kirschtorte und den berühmten Speck? Ganz zu schweigen von dem herrlichen Panorama, das sich dem Betrachter auf dem Feldberg bietet! Zu jeder Jahreszeit ist der Schwarzwald eine Reise wert: Im Frühling und Sommer laden die ausgedehnten Höhen und Täler zu idyllischen Wanderungen ein. Im Winter kommen die Skifahrer auf anspruchsvollen Pisten oder großzügigen Loipen voll auf Ihre Kosten.
Auch kulinarisch gibt es hier viel zu entdecken: Die Schwarzwälder Küche vereint neben badischen und schwäbischen auch schweizerische und elsässisch-französische Einflüsse:

So gehört zu den warmen Gerichten zum Beispiel eine deftige Kartoffelsuppe, Hasenpfeffer mit Spätzle, Ochsenfleisch mit Meerrettich, saure Kutteln oder warmer Zwiebelkuchen! Auf einen Boden aus Hefeteig wird eine Masse aus etlichen gehackten Zwiebeln, vielen Eiern und reichlich Speck gegeben. Wenn die Oberfläche goldbraun gebacken ist, kann man diese Köstlichkeit mit einem Glas süßen Weißwein oder Weißherbst genießen. Wenn man den ganzen Tag unterwegs gewesen ist, so sollte man unbedingt den Tag mit einem typischen Vesper (sprich: »Feschber«) ausklingen lassen. Dazu gehört neben hellem Bauernbrot vor allem Schwarzwälder Speck und Schinken, die Ihren besonderen Geschmack durch monatelangen Tannenrauch erhalten. Natürlich darf hierbei ein Kirsch-, Birnen- oder Himbeerwässerle nicht fehlen …

SCHWÄBISCHE ALB *Im Südwesten vom Donautal aus sanft ansteigende Hochflächen, im Nordwesten aber steil gegen das Neckartal hinunterstürzende Felswände, gleichmäßige Vulkankegel und weiße Kalkfelsen, aussichtsreiche Berge und liebliche Täler, versickernde Flüsse auf den Höhen und starke Quellen in den Gründen, märchenumsponnene Tropfsteinhöhlen und stolze Burgruinen, das alles bildet zusammen in buntem Durcheinander die Schwäbische Alb. Man lernt dieses Mittelgebirge nie ganz kennen, denn immer wieder bereitet es neue Überraschungen und immer wieder zeigt es ein neues Gesicht. Unbeschreiblich schön ist die schimmernde Blütenpracht der Obsthänge im Frühling, das lichte Grün der Buchenwälder, und unvergesslich ist auch die trotzige Erhabenheit der Burgruinen in der leuchtenden Farbenpracht des schwäbischen Herbstes. Was soll man mehr preisen: die Ruinen Staufen, Urach, Teck, Neuffen oder den Zollern, den Lichtenstein, die wuchtig bewegte Felsenlandschaft des Donautals oder die im Scheine der Fackeln oder des elektrischen Lichtes aufglänzenden Säulenhallen der Tropfsteinhöhlen? Der Wanderer weiß es nicht. Aber es zieht ihn, immer wieder zu kommen, um neu zu schauen.*

ENTNOMMEN AUS: WÜRTTEMBERG, DAS SCHÖNE SCHWABENLAND. STUTTGART 1929

Die schwäbische Alb gehört zweifellos zu den abwechslungsreichsten Landschaften Baden-Württembergs, denn hier finden sich auf der Höhe ursprüngliche Landstriche von herbem Charme, romantische Städte wie Tübingen und eine Vielzahl an Burgen und Schlössern. Hier künden Bauten von deutscher Kaisergeschichte, denn die Staufer und die Hohenzollern stammen von der Schwäbischen Alb. Aber auch die Ruinen atmen ein ganz besonderes romantisches Flair, das zahlreiche Dichter, Künstler und Maler inspiriert hat. Es ist ein herber, natürlicher Charme, der von dieser abwechslungsreichen Landschaft ausgeht. Die Reise führt von Rottweil, einer der ältesten Städte im Südwesten, zu den Hohenzollernburgen bei Hechingen und Sigmaringen. Auch der traditionsreichen Universitätsstadt Tübingen mit ihren verträumten Gassen wird ein Besuch abgestattet. Nach einem kleinen Abstecher nach Hirsau endet die Reise in Aalen.

DAS MOTIV AUS DER ZEIT UM 1914 zeigt die Vielfalt der einstigen Residenzstadt des Großherzogtums Baden: den technischen Fortschritt durch das groß angelegte Bahnhofsareal und ausgedehnte Parkanlagen mit schönen Wäldern, die zu einem romantischen Spaziergang einladen.

WINTERLICHE GRÜSSE aus Karlsruhe zum Jahreswechsel 1897/1898.

BADEN-BADEN, DIE KUR- UND BÄDERSTADT war im Sommer 1899 Tagungsort des 7. Internationalen Tierärzte-Kongresses. Die Ansicht zeigt, wie unterschiedlich die Patienten und ihre Wehwehchen sein können: Ein Flamingo mit verknotetem Hals, eine Kuh mit Magenschmerzen, eine weinende Giraffe mit Halsbeschwerden und ein Elefant mit Zahnschmerzen.

DIE RIEDBAHN, die hier mitten durch die Stadt Offenburg führt, ist ein wahrer Magnet für Reisende: Aus allen Richtungen strömen Menschen herbei, um noch auf den völlig überfüllten Zug aufzuspringen.

Im Fluge durch den Schwarzwald

FELDBERG · FRIEDRICH LUISENTURM u. GASTHAUS zum FELDBERGTURM.

STATION HÖLLSTEIG

TITISEE

HÖLLENTAL mit KUNSTSTRASSE

ZÜGIG DURCH DEN SCHWARZWALD: Diese Reise ermöglicht vor allem die »Höllentalbahn«, die eng an die Felsen geschmiegt ins Tal hinabführt. Der Titisee ist ein kleines Juwel, das immer wieder zu schönen Spaziergängen einlädt. Die schönste Fernsicht genießt man vom Feldberg aus, am bequemsten von der Terrasse des Gasthauses.

INBEGRIFF EINER LANDHAUS-IDYLLE IM SCHWARZWALD: Das klassische Schwarzwaldhaus ist Wohnhaus und Stall in einem. Oft bekommt der Wanderer hier eine Stärkung: Einen herzhaften Speck mit Brot.

GRUSS VOM FELDBERG

> ›Sehr geehrte Frau Domrich!
> Heut haben wir den höchsten Gipfel des Schwarzwaldes bestiegen und senden Ihnen
> und den lieben Ihrigen die besten Grüße. Es gefällt uns hier sehr gut. Ihre Else Maertens.
> Feldberg den 13. 7. 1901‹

Bahnhofstr.

Schwenningen a. N.   Bahnhof.

SO BESCHREIBT EIN WANDERFÜHRER aus dem Jahre 1912 die Lage der Stadt:

Schwenningen liegt günstig zwischen dem Schwarzwald und der Schwäbischen Alb und ist mit dem Zug der
Hauptlinie Stuttgart–Bodensee–Schweiz sehr gut erreichbar.

Die Ansicht zeigt den Schwenninger Bahnhof aus der Zeit um 1915.

Sigmaringen, Schloß

56 **AUF EINEM DIE DONAU STEIL ÜBERRAGENDEN FELSEN** ruht das fürstliche Schloss, das auf dieser Ansicht um 1916 von der Stadtseite her dargestellt ist. Nach einem angenehmen Spaziergang kann der Besucher allerlei Kostbarkeiten in den prächtigen Innenräumen bewundern: Besonders sehenswert ist die umfangreiche Waffensammlung mit Exponaten aus sieben Jahrhunderten.

ALLSEITS BEKANNT UND SEHR BEGEHRT ist die schwäbische Braukunst. Man schmeckt, so sagt man, bei einem Bier auch die Natur. Die Ansichtskarte, die um 1920 gestempelt wurde, vermittelt einen sehr schönen Eindruck von der Harmonie zwischen Landschaft und Produkt.

Rottweil ist ein Narrennest / schon vor tausend Jahr gewest!

ROTTWEIL IST EINE STADT MIT LANGER GESCHICHTE und lebendiger Tradition. Besonders eindrucksvoll ist die Fasnet, wenn die Hästräger beim Narrensprung am Rosenmontag durchs Schwarze Tor strömen.

DIE ANSICHT AUS DER ZEIT UM 1908 zeigt die älteste Stadt Baden-Württembergs in der (fernen?) Zukunft: Eine Schwebebahn führt hinauf zum Schwarzen Tor, allerlei Fluggerät staut sich im Luftraum, und auf der Straße herrscht ein Durcheinander zwischen Straßenbahnen, Autos und Radfahrern.

BALINGEN IST EINE REIZENDE STADT an der Eyach mit der Schwäbischen Alb als Hintergrund. Gern besucht ist das Zollernschloss mit dem Wasserturm an der Stadtmauer und am Stadtgraben.

EBINGEN LIEGT IN EINEM REIZVOLLEN HOCHTAL und ist von bewaldeten, felsgekrönten Bergen umgeben. Damit war und ist die Stadt ein idealer Ausgangspunkt für Albwanderungen und Ausflüge ins Donautal.

Wo man singt, da lass dich nieder ...

EBINGEN EMPFING IM SOMMER 1908 die Mitglieder des Württembergischen Sängerbundes. Um die daheim Gebliebenen zu grüßen und auch als Andenken wurde eigens diese Ereignis-Ansichtskarte gedruckt.

HECHINGEN LIEGT MALERISCH AM TALHANG DER STARZEL und bietet dem Besucher zu jeder Jahreszeit allerhand Sehenswertes, wie z.B. die Kirche St. Lutzen mit Renaissanceausstattung, das alte Rathaus oder die Villa Eugenia. Der Marktplatz Hechingens bot um 1900 noch die Gelegenheit für eine winterliche Pferdeschlitten-Fahrt.

Burg Hohenzollern, 855 m ü. M.

LOHNEND IST DER WEG HINAUF AUF DEN HOHENZOLLER, wo man einen herrlichen Blick auf das schwäbische Hügelland, die Städte Balingen und Rottweil und sogar bis zum Schwarzwald hat. Das prächtige Zollernschloss, zwischen 1850 und 1867 erbaut, grüßt mit seinen Zinnen und Türmen den Besucher. Sehenswert sind vor allem die Stammbaumhalle, der Grafensaal, die Kaiserhalle und der Bibliothekssaal.

TÜBINGEN BESTICHT DURCH SEINE ANMUTIGE LAGE an einem Höhenrücken am Neckar, seine malerischen Gassen in der Altstadt. Kulturelles und geistiges Zentrum ist die altehrwürdige Universität. Die Ansichtskarte zeigt alle Corporationshäuser Tübingens um 1914. Viele davon werden noch heute als Repräsentations-, Gesellschafts- und Wohnhäuser der Verbindungen genutzt.

DIE EHEMALIGE REICHSSTADT REUTLINGEN wartet mit einer Vielzahl von Sehenswürdigkeiten auf: Fachwerkhäuser, Tübinger Tor, Gartentor und vor allem die frühgotische Marienkirche mit ihrem über 70 Meter hohen Turm.

MALERISCH ERHEBT SICH DAS SCHLOSS LICHTENSTEIN AUF SEINEM FELSEN. Ein Anblick, der seit jeher viele Besucher bezaubert. Zauberhaft ist auch die Entstehung: Herzog Wilhelm von Urach ließ, inspiriert von Wilhelm Hauffs »Lichtenstein« das Schloss im neugotischen Stil erbauen. Eine schöne Wanderung führt dann zur Nebelhöhle, einer Tropfsteinhöhle, weiter. Jedes Jahr am Pfingstmontag ist das Nebelhöhlenfest ein Besuchermagnet.

HIRSAU WAR UND IST NICHT NUR ALS LUFTKURORT SEHR BELIEBT. Noch immer zieht die Ruine des einstigen Benediktinerklosters viele Besucher an, nicht zuletzt auch deswegen, weil Ludwig Uhland die »Ulme von Hirsau« besungen hat:

Zu Hirsau in den Trümmern,/Da wiegt ein Ulmenbaum/Frischgrünend seine Krone/Hoch überm Giebelsaum.//Er wurzelt tief im Grunde/Vom alten Klosterbau,/Er wölbt sich statt des Daches/Hinaus in Himmelsblau.//[...] Wenn dort im grünen Tale/Ich einsam mich erging,/Die Ulme war's, die hehre,/Woran mein Sinnen hing.

SCHÖNE ANSICHTEN DER STADT AALEN sind auf dieser Ansichtskarte ausgebreitet: Neben der Hauptstraße als Zentrum der Stadt sind sowohl die evangelische als auch die katholische Kirche zu sehen und die alte Turnhalle. Die frühere Reichsstadt Aalen bewahrt die Erinnerung an den Dichter Schubart, der hier seine Kindheit verbrachte.

Aalen.

Carl Schönwalter, Cannstatt.

AALEN BIETET IMMER SCHÖNE EINBLICKE, so auch hier auf die Hauptstraße, seit jeher Zentrum von Flaneuren. »Blicke« spielen in Aalen eine wichtige Rolle: Ein sich drehender Kopf über der Rathausuhr ist der »Spion« von Aalen, der auch für eine süße Köstlichkeit Pate stand, das »Aalener Spiönle« …

REISE UM DIE (LANDES-) HAUPTSTADT STUTTGART UN AM NECKAR ENTLANG

Von Königen, Erfindern und alten Städten

Stuttgart – einst Residenz der Könige von Württemberg und seit 1952 Landeshauptstadt Baden-Württembergs bietet dem Besucher nicht nur einen herrlichen Anblick, sondern lädt ihn auch zu ausgedehnten Stadtrundgängen, Spaziergängen und Entdeckungsreisen ein. Und es gibt vieles zu entdecken: Die Stadt mit ihren Schlössern, Museen und Theatern, die prächtige Königstraße mit ihren vielen Seitenstraßen – und nicht zu vergessen: das attraktive Umland mit seinen Weinbergen. Der Wein war lange Zeit das Hauptprodukt der näheren Umgebung Stuttgarts. So findet sich bei Matthäus Merian der treffende Ausspruch: *Im Fall dass man die Weintrauben ringsweiss umb Stuckgart nicht abläse, die Stadt im Wein ersaufen würde.* Der köstliche Rebensaft wird natürlich auch heute noch genossen: Ein Viertele schmeckt nicht nur zum Weinfest ...
Neben den ältesten Bauwerken Stuttgarts wie der Stiftskirche und dem Alten Schloss spiegeln vor allem die Bauten aus dem 18. und 19. Jahrhundert die herzogliche, kurfürstliche und königliche Geschichte des Landes wieder. Im Herzen der Stadt zieht das Areal zwischen Schauspielhaus, Staatsgalerie, Neuem Schloss und Königsbau noch heute zahlreiche Besucher und Flaneure in seinen Bann.
Der Name der Stadt geht vermutlich auf Ludolf von Schwaben zurück, der hier im 10. Jahrhundert einen *thier- und stuotgarten* anlegte. Die Geschichte der Stadt begann also als »Pferdedorf« und somit verwundert es nicht, dass ein Pferd das Wappentier der Stadt ist.
Eine Hommage an die Geschichte der Stadt und eine Gaumenfreude für Liebhaber feiner Confiserie sind die »Stuagerder Roßbolla«, Pralinen mit Nougatfüllung.
Wer es lieber habhaft und deftig mag, dem seien folgende Spezialitäten wärmstens empfohlen: Maultaschen, Krautwickel, Saure Kutteln oder Zwiebelrostbraten. Als Beilagen eignen sich vor allem Spätzle, Bratkartoffeln oder Kartoffelsalat. Es ist nicht übertrieben, wenn man behauptet, dass man hier den besten Kartoffelsalat bekommt.
Als 1829 im Park von Schloss Rosenstein Mineralquellen entdeckt wurden, gab König Wilhelm I. (1781–1864) den Auftrag zu einer Sommerresidenz mit »Badhaus« und Gartenanlage im maurischen Stil. Als Vorbild diente die »Alhambra«, der maurische Palast oberhalb von Granada. Ab 1880 konnten auch Bürger die Anlage mit ihren Gewächshäusern besichtigen. Seit Mitte der 1950er Jahre leben auch Tiere in der »Wilhelma«.
Das Volksfest auf dem »Cannstatter Wasen«, der direkt am Neckar liegt, geht auf die Schaffung einer landwirtschaftlichen Unterrichtsanstalt, heute als Universität Hohenheim bekannt, im Jahre 1818 zurück. Jährlich am 28. September sollte ein landwirtschaftliches Fest rund um die 24 Meter hohe Fruchtsäule auf dem Wasen gefeiert werden. Schon im ersten

Jahr war das Fest ein großer Erfolg, und mit jedem Jahr kamen nicht nur mehr Besucher, sondern auch mehr und mehr sogenannte »Volksfestbuden« mit Schaustellern und Bierausschank hinzu.

DIE WEINSTEIGE EMPOR   Eingebettet zwischen teils recht steilen Hügeln und Hängen liegt Stuttgart in seiner typischen Kessellage vor dem Besucher. Es lohnte sich, die mitunter sehr steile Weinsteige mit der Zahnradbahn zu überwinden. Schon während der Fahrt eröffneten sich herrliche Aussichten auf Stuttgart. Und war erst Degerloch erreicht, so überschaute man das gesamte Stuttgarter Umland.

Am Neckar entlang

Oberhalb des Neckars thront auf dem Rotenberg, dem früheren Württemberg, die Grabkapelle von Königin Katharina von Russland. König Wilhelm I. ließ diese eindrucksvolle Grabkapelle für seine geliebte Gemahlin, die auch von allen Bevölkerungsschichten verehrt wurde, kurz nach ihrem Tod 1819 errichten. Der Rundbau ist ein Denkmal inniger Liebe und eleganter Architektur. Betritt man den Rundbau, durchschreitet man einen Portikus und findet über der Tür in großen Lettern: *Die Liebe höret nimmer auf.*

In der Region um Stuttgart können bei einer kleinen Reise entlang des Neckar malerische alte Städte besucht werden: In Kirchheim unter Teck lohnt das Schloss einen Besuch. In Markgröningen findet alljährlich der »Schäferlauf« statt. Dabei werden die Schäferkönigin und der Schäferkönig ermittelt. Jedes Jahr zieht dieses Heimatfest zahlreiche Besucher nach Markgröningen. Esslingen lässt seine Geschichte als Freie Reichsstadt durch seine zahlreichen Kirchen und Fachwerkhäuser hautnah erleben. Der Aufstieg auf den Hausberg zur Burg wird durch den herrlichen Ausblick auf die Stadt belohnt.

Setzt man die Route nördlich von Stuttgart entlang des Neckars fort, darf ein Zwischenstopp in der Schillerstadt Marbach natürlich nicht fehlen. Im Geburtshaus und im Schillernationalmuseum kommen die Freunde Schillers voll auf ihre Kosten: Das Geburtshaus des großen Dichters wurde im Zustand des 18. Jahrhunderts erhalten. Das Museum versammelt neben Originalbildnissen und Handschriften Schillers auch Erinnerungsstücke an weitere bekannte schwäbische Dichter wie Wieland, Hölderlin, Uhland und Mörike.

Der Weg führt weiter nach Ludwigsburg, dem »schwäbischen Potsdam«. Die letzten Stationen der Reise führen am Neckar entlang zu den beliebten Weinorten Mundelsheim und Besigheim. Wie im Ländle üblich, klingt der Tag und die Reise bei einem Viertele aus …

ALLJÄHRLICH ZIEHT DAS CANNSTATTER VOLKSFEST, das seit 1818 gefeiert wird, Tausende Besucher an. Was ursprünglich ein eintägiges landwirtschaftliches Fest war, hat sich zu einem Volksfest mit Schaubuden und Bierzelten entwickelt.

MAN MUSS DEN WASEN und sein munteres Treiben einmal erlebt haben, denn es herrscht ein fröhliches, ausgelassenes Treiben, das Alt und Jung verbindet.

GRUSS AUS STUTTGART

K. FUCHS.

VERLAG v. D. HERMANN, STUTTGART.

24/7 – 1902 –

SEIT 1884 VERKEHRT DIE DAMPFZAHNRADBAHN zwischen Stuttgart und Degerloch und erklimmt die Neue Weinsteige. Dabei bietet sich dem Mitreisenden ein herrlicher Blick auf den Stuttgarter Talkessel. Gibt es eine schönere Strecke für einen Wochenendausflug?

Gruss aus Degerloch.

Nördl. Villencolonie.

SAURE-GURKEN-ZEIT IN DEGERLOCH? Weit gefehlt. Oberhalb Stuttgarts und auf den ausgedehnten Fildern wurde und wird noch heute viel Gemüse angebaut. Besonders bekannt und beliebt sind Vesper-Gurken und das Filderkraut.

Schloss Wilhelma Stuttgart.

vis-à-vis Wilhelmatheater

DIE WILHELMA IM MAURISCHEN STIL war zunächst als Badhaus geplant, entwickelte sich aber zu einem veritablen Wohnhaus, ohne Schloss zu sein. Heute ist die Wilhelma vor allem als Zoologisch-Botanischer Garten beliebt, in dem Pflanzen aus allen Klimazonen und fast tausend Tierarten zu bestaunen sind.

CANNSTATT, VIS-A-VIS WILHELMATHEATER

›Ich traf alle zu Hause wohl an und hoffe, dass auch Sie wieder ganz von Ihrem Unwohlsein genesen sind. 11. VI. (19)02.

Glücklich wieder zu Hause gelandet, danke ich Ihnen vielmals für Ihre Grüsse v(om) 6. d(es) M(ona)ts die ich auch im Namen meiner Familie aufs herzlichste erwidere. Heinz Rupp‹

EIN PANORAMA VON CANNSTATT UM 1908. Die Stadt schmiegt sich zwischen Wäldern und Hügeln ein. Das Stadtbild wird vom Turm der evangelischen Stadtkirche überragt, die auch rechts mit dem Kirchplatz dargestellt ist. Noch ist Cannstatt eine idyllische Vorstadt am Neckar und von der Industrie unentdeckt.

AUF DIESER ANSICHTSKARTE versammeln sich die Wahrzeichen der ehemaligen Freien Reichsstadt Esslingen am Neckar: Über der Stadt thront die Burg mit dem »Dicken Turm«. Zur linken ist die Frauenkirche mit ihrem steilen Turm zu sehen. In der Mitte ragt der Turm des Münsters St. Paul, der ehemaligen Dominikanerkirche, aus dem Stadtbild hervor. Rechts die überwältigende Stadtkirche St. Dionys mit der ungewöhnlichen Doppelturmanlage.

VOM 29. BIS ZUM 31. JULI 1922 lud Esslingen zum 40. Kreisturnfest. Die Sportler konnten mit dieser Ansichtskarte über ihre Erfolge berichten. Im Sommer, so scheint es, fand das Turnfest draußen, im Schutz der Burg statt. Links ist der Pliensauturm, rechts das Wolfstor zu sehen.

DER SCHÄFERLAUF ist *das* jährliche Ereignis in Markgröningen, das seit jeher nicht nur bei den Einheimischen beliebt ist. Ein 300 Meter langes Stoppelfeld muss barfuß bezwungen werden, dazu kommen noch das Tragen eines Wasserkübels auf dem Kopf und das Wetthüten. Am Ende werden die Sieger als Königin und König gekrönt.

DIE VON STUTTGART AUS LEICHT ERREICHBARE STADT LUDWIGSBURG hat Sehenswürdigkeiten ersten Ranges. Ludwigsburgs Wahrzeichen ist das Residenzschloss, eine der größten Barockanlagen Deutschlands mit herrlichem Park. Die Wilhelmstraße lud zu Beginn des 20. Jahrhundert zum Flanieren ein. Vom Aussichtsturm im Salonwald schweift der Blick über einen schönen Ausschnitt des Schwabenlandes.

IN ZWEIERLEI HINSICHT IST DIESE ANSICHTSKARTE INTERESSANT: Zum einen kann man die herrliche Lage des reizenden Rokokoschlösschens Monrepos genießen, zum anderen sind auf dieser Karte alle Postwertzeichen versammelt, die Anfang des 20. Jahrhunderts in Württemberg und Deutschland in Umlauf waren.

Schiller-Denkmal

Der obere Thorthurm

Gruss aus Marbach a. N.

Schiller-Haus

No. 942. Druck von Greiner & Pfeiffer, Stuttgart.

NEBEN DER ERINNERUNG AN DEN GROSSEN SCHWABEN lockt auch die schöne Lage auf steiler Höhe über dem Neckar alljährlich Tausende von Fremden in die Stadt. Marbach ist auch ein günstiger Ausgangspunkt für Wanderungen in das landschaftlich reizvolle Bottwartal. Die größte Anziehungskraft üben naturgemäß die Erinnerungen an den Dichter aus. Das Schillernationalmuseum auf der Schillerhöhe und das dazugehörige Archiv sind täglich geöffnet, ebenso das Geburtshaus des Dichters, das im Zustand des 18. Jahrhunderts bis heute erhalten geblieben ist.

MUNDELSHEIM IST EIN BERÜHMTER ALTER WEINORT mit schönen Fachwerkhäusern in prächtiger
Tallage, umgeben von steilen Weinbergen. Des Bachus' Ruf nach Käsberger kommt nicht von ungefähr.
Denn hier ist die Heimat des berühmten Weins »Käsberg Trollinger«.

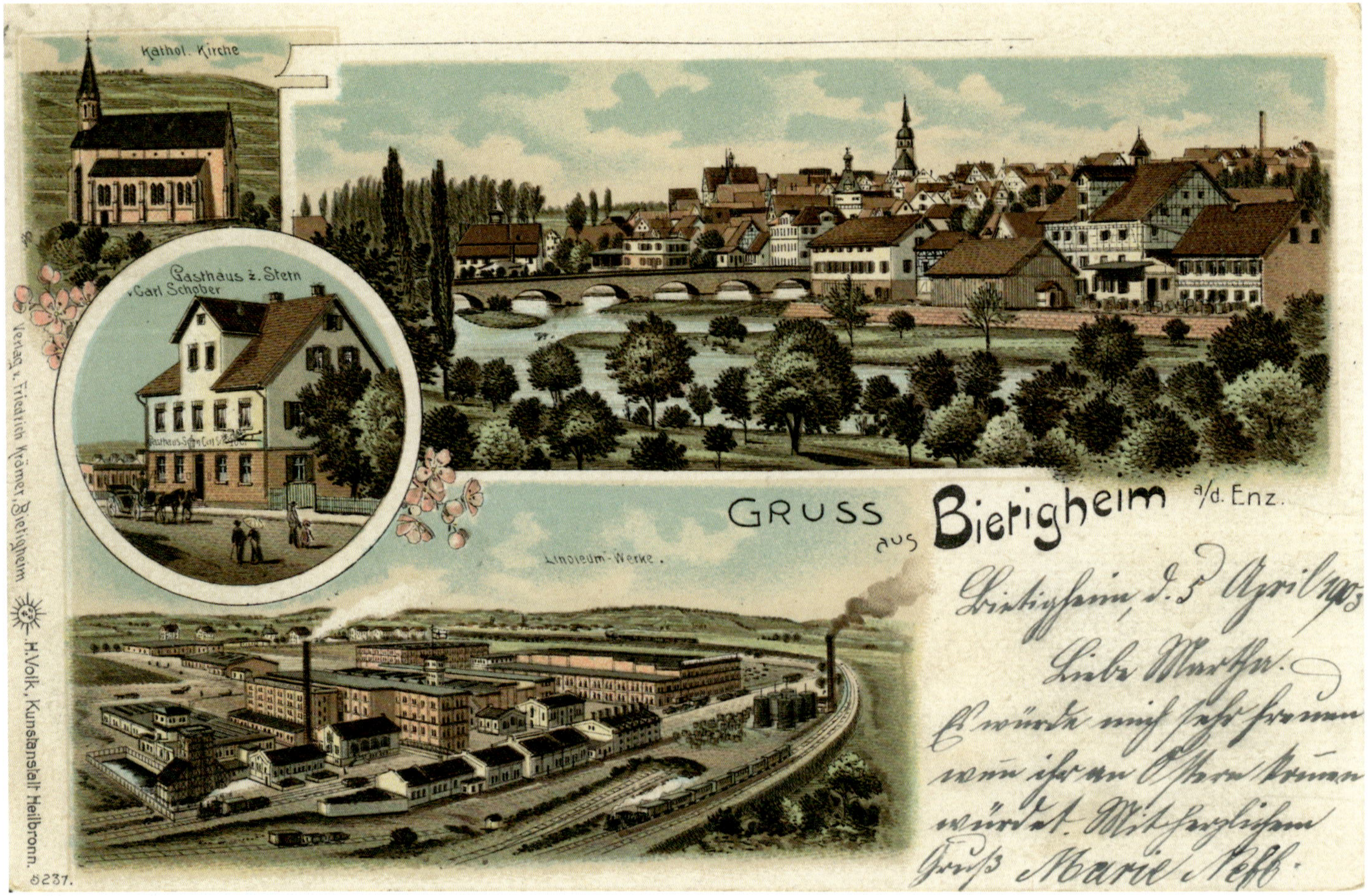

Kathol. Kirche

Gasthaus z. Stern
Carl Schober

Verlag v. Friedrich Krämer, Bietigheim

H. Volk, Kunstanstalt, Heilbronn.

GRUSS aus Bietigheim a/d. Enz.

Linoleum-Werke.

6237.

BIETIGHEIM WAR UM 1900 beliebte Ausgangs- und Endstation für Wanderungen in die herrliche und abwechslungsreiche Umgebung. Türme, Tore, Brunnen, Wehrgänge und alte Kirchen kann der Besucher bestaunen. Im September findet hier der bekannte Pferdemarkt statt, verbunden mit Reitturnier, Gewerbeschau und Ausstellungen.

Besigheim.

BESIGHEIM IST EINE MALERISCHE, ALTERTÜMLICHE STADT zwischen Enz und Neckar. Und natürlich ist auch Besigheim als Weinort sehr beliebt ...

VON DER KURPFALZ INS TAUBERTAL UND VOM KRAICHGAU NACH HOHENLOHE

Die etwas andere Tour durch den Norden des Ländles

Die Route führt nun gleich durch mehrere Regionen des nördlichen Baden-Württemberg.

KURPFALZ Ein wahres Schmückstück der Kurpfalz ist das altehrwürdige Heidelberg. Hier verbinden sich Tradition und Fortschritt.
Bis 1720 war Heidelberg die Residenz der pfälzischen Kurfürsten, und die 1396 gegründete Universität zählt über die Landesgrenzen hinaus zu den traditionsreichsten und bedeutendsten Hochschulen.

Die romantischen Gassen und Straßenzüge sind seit jeher bei Besuchern beliebt, denn hier findet man gesellige Weinlokale, Cafés und Restaurants, wo man nach Spaziergängen in der Stadt eine erfrischende Rast einlegen kann. Augen und Gaumen kommen hier voll auf ihre Kosten.

Doch auch Bibliophile finden auf Streifzügen durch die Altstadt in den zahlreichen Antiquariaten wahre Schätze der Buchkunst. Das Highlight für jeden Bücherfreund birgt die Universitätsbibliothek: den Codex Manesse, auch als Große Heidelberger Liederhandschrift bekannt. Die um 1300 entstandene Handschrift versammelt ausschließlich dichterische Werke in mittelhochdeutscher Sprache: eine einzigartige Sammlung des mittelalterlichen Laienliedes und die bedeutendste Quelle für den Minnesang. Die 138 Miniaturen stellen die Dichter der Werke bei höfischen Aktivitäten dar und gelten als bedeutendes Zeugnis der Buchmalerei.

Heidelbergs herrliche Lage an Hügeln entlang des Neckar eröffnet dem Besucher Möglichkeiten für herrliche Wanderungen rund um die Stadt. Eine wunderbare Aussicht genießt man vom Philosophenweg: auf den Neckar, die Alte Brücke, die Altstadt mit der Heiliggeistkirche und natürlich auf das Schloss, das Wahrzeichen Heidelbergs, das in der Romantik so oft besungen und beschrieben wurde. Die Anlage gehört zu den berühmtesten Ruinen Deutschlands und eröffnet dem Besucher herrliche Einblicke in die Geschichte der Stadt und des höfischen Lebens. Jeder Zentimeter der Anlage sorgt für Überraschendes, Unerwartetes und Einzigartiges: Der Schlossgarten lädt zum Flanieren und Schauen ein. Der Fassbau birgt das größte Fass der Welt. Man kommt nicht umhin, steht man vor dem

Fass, den Kopf staunend in den Nacken zu legen und die gewaltigen Ausmaße dieses riesigen Weinbehältnisses auf sich wirken zu lassen.

Mit dem Abstieg vom Königstuhl endet der Aufenthalt in Heidelberg und die Reise führt nun in den Kraichgau.

KRAICHGAU Die Hügellandschaft des Kraichgaus wird oft – und nicht zu unrecht – auch als »badische Toskana« bezeichnet: Ein angenehmes Klima und viel Sonne lassen nicht nur einen guten Wein reifen, sondern sorgen vor allem dafür, dass die Region mit ihren Wäldern und Wiesen bei Ausflügen erkundet werden kann. Zahlreiche Burgen locken zu Besichtigungen, und in Bruchsal kann der Glanz des Barock bewundert werden: Das Bruchsaler Schloss, die ehemalige Residenz der Fürstbischöfe von Speyer, wurde ab 1720 im barocken Stil errichtet. Der berühmte Baumeister Balthasar Neumann, der ab 1731 die Bauleitung inne hatte, schuf das zentrale Treppenhaus der Anlage, eine raffinierte und elegante architektonische Leistung. Der Schlossgarten, die größte Parkanlage der Stadt, lädt zum Flanieren und zur Rast im Grünen ein.

HOHENLOHE UND WÜRTTEMBERGISCH FRANKEN Die Reise führt nun weiter nach Württembergisch Franken und ins Hohenlohesche mit Aufenthalten in Heilbronn, Schwäbisch Hall und Künzelsau. Hier findet man eine reizvolle und abwechslungsreiche Landschaft, traditionsreiche Städte mit herrlichen architektonischen Denkmälern und gelebtes Brauchtum. Besonders das Hohenlohesche ist für seine Vielzahl an Burgen und Schlössern bekannt.

Heilbronn, die ehemalige Reichsstadt am Neckar, ist nicht nur als eine Stadt des Weins, sondern auch als »Käthchenstadt« bekannt. Diese Bezeichnung erhielt die Stadt durch das Schauspiel »Das Käthchen von Heilbronn« Kleists. Somit darf ein Besuch des »Käthchenhauses« am Marktplatz natürlich nicht fehlen. Sehenswert ist auch das Rathaus im Renaissance-Stil und der Anbau an der Fassade. Gleich drei Uhren sind von oben nach unten eingelassen: eine Mondphasenuhr, eine Zeituhr und eine astronomische Uhr. Ein bemerkenswertes Werk der Technik.

Im Kochertal an einer alten Salzquelle liegt Schwäbisch Hall, die Stadt des Salzes. Die ehemalige Reichsstadt ist vor allem bei Kurgästen sehr geschätzt, bietet aber auch dem historisch interessierten Besucher vielfältige Möglichkeiten für anregende Stadtrundgänge. Vom Marktplatz erreicht man die Kirche St. Michael, das barocke Rathaus und zahlreiche Renaissancehäuser. Beeindruckend ist die Fachwerkzeile in der Weilervorstadt, an die sich die gotische Johanniterkirche anschließt. Das Kuchen- und Brunnenfest sollte man dringend einmal besuchen. Das Fest der Salzsieder an Pfingsten reicht zurück ins 14. Jahrhundert und führt Einheimischen und Besuchern die Geschichte der Stadt vor Augen. Ein Höhepunkt ist dabei der Tanz der Salzsieder.

Die Reise führt nun zur letzten Station: ins Taubertal. Die Route folgt entlang der Tauber nach Creglingen, Bad Mergentheim und schließlich nach Tauberbischofsheim.

Bitte gegen das Licht zu halten.

„METEOR" D.R.G.M. 88690.

GRUSS aus HEIDELBERG.

Heidelberg von der Hirschgasse.

Kunstverlag Eugen Falk, Berlin NW. № 194.

DIE SCHLOSSRUINE OBERHALB VON HEIDELBERG verleiht der Stadt einen Hauch von nostalgischem Charme. Viele Besucher rühmen die Schönheit der einstigen Schlossanlage und den herrlichen Blick auf Heidelberg und den Neckar.

GRUSS AUS BRUCHSAL

›Meine liebe gute Frl. Klara!
Ich bin in Bruchsal glücklich angekommen u. das erste was ich thue, ist, dass ich
meinem lieben guten Herzensmütterchen schreibe. Ist mein liebes Mütterchen gut
angekommen? Morgen gehe ich wieder nach Hause. Viele Grüße an Pauline u. Luise,
besonders grüßt und küsst die liebe Frl. Klara Ihre stets dankbare Lina
28. Juni 1897‹

HEINRICH VON KLEIST hat durch sein Schauspiel »Das Käthchen von Heilbronn« (1810) ein bemerkenswertes Drama und eine unsterbliche Figur geschaffen. Da romantische Reisen entlang des Neckars im
19. Jahrhundert sehr beliebt waren, wurde eigens ein mittelalterlich aussehendes Haus als »Käthchenhaus«
bezeichnet.

DER KLEINE REIM VERRÄT VIEL, aber längst nicht alles, über die Schwaben …

EIN MOTTO HEILBRONNER GASTLICHKEIT bildet dieses kleine Gedicht:

Halt' Fremdling hier / Nach Müh und Last, / Als trauter Gast / Willkommene und vergnügte Rast.

EIN SEHR SCHÖNES BEISPIEL FÜR EINE WERBEKARTE ist diese Ansichtskarte aus der Zeit um 1901. Sogar die Ziermotive (Brezel, Weinglas und Reben) sind auf das Hauptmotiv – eine Feinbäckerei und Weinwirtschaft – bezogen.

AUF DER REISE LOHNT EIN AUFENTHALT in der malerisch am Kocher gelegenen Heil- und Salzstadt Schwäbisch Hall, das mit zahlreichen Sehenswürdigkeiten aufwartet: Pulverturm, Sulferturm und das Weilertor, um nur einige zu nennen. Beeindruckend und einen Ausflug wert ist die auf einem Bergkegel ruhende Comburg.

DIE KARTE ZEIGT EINIGE ANEKDOTEN ÜBER DEN »HOOLGAASCHT« (nach dem Salzbrunnen »Haal«, wo er umgeht): Einst streckte der Hoolgaascht seine Nase durch die Wand des Siedehauses und fragte: *Isch dös net a Noosa?*, worauf ihm der Salzsieder siedendes Wasser über die Nase goss und sagte: *Isch dös net a Guuß?* Kurzerhand packte der Hoolgaascht den Salzsieder und warf ihn über den Kocher hinauf auf den Gänsberg. Höhnisch fragte er: *Isch dös net a Wuurf?*

Tanz
der Salzsieder.

DAS SALZ BESTIMMT SEIT JEHER DIE GESCHICHTE SCHWÄBISCH HALLS, denn schon die Kelten betrieben bei der Salzquelle eine Saline. Die Stadt versteht es, Feste zu feiern; während des alljährlichen »Kuchen- und Brunnenfestes« findet der Tanz der Salzsieder statt. Das Rot der Kleidung steht für die Flamme des Siedens, Grün steht für die Sole, Weiß für das Salz.

IST MAN EIN LIEBHABER VON SCHLÖSSERN, kommt man im Hohenloheschen voll auf seine Kosten. Diese Karte aus der Zeit um 1902 zeigt eine kleine, aber feine Auswahl der sehenswerten Schlösser in Hohenlohe.

ZU BEGINN DES 19. JAHRHUNDERTS findet man zahlreiche Ansichtskarten, die für Brauereien werben. Die Brauerei Friedrich Krätzer wurde 1890 gegründet und schon 1920 wieder geschlossen.

GRUSS AUS ELLWANGEN

›Liebe Anna!

War gestern hier auf dem Schöneberg; ich hab auch an dich gedacht. Sende dir viele herzliche Grüße und ebenfalls an deine lieben Eltern, sowie an deinen Onkel. Komme wahrscheinlich nächste Woche.
Deine Sophie Merk‹

EINEN ÜBERAUS WÜRDIGEN RAHMEN HATTE DAS SÄNGERFEST IM JAHRE 1908: Ellwangen sorgte mit seinem eindrucksvollen Stadtbild, das von der Marienwallfahrtskirche auf dem Schöneberg und dem Schloss ob Ellwangen flankiert wird, für das nötige Ambiente.

Creglingen a. Tauber

DIESE UM 1918 HANDCOLORIERTE ANSICHTSKARTE VON CREGLINGEN vermittelt einen guten Eindruck von der idyllischen Lage der Stadt im Taubertal. Eine Kostbarkeit birgt die Herrgottskirche: den weltberühmten Marienaltar von Tilman Riemenschneider.

Nicht weit entfernt, hat der Kartenschreiber Quartier bezogen und das Haus markiert.

BIS 1809 WAR MERGENTHEIM RESIDENZ des Hoch- und Deutschmeisters des Deutschen Ordens; ab 1868 wurde das Deutschordensschloss als Kaserne genutzt. Als 1826 am rechten Tauberufer eine Heilquelle entdeckt und das Karlsbad eröffnet wurde, begann der Aufstieg des Kurortes Bad Mergentheim.

DIE BESTEN WÜNSCHE FÜR EINE FRÖHLICHE WEIHNACHT 1910 aus Bad Mergentheim.

In der Bildlegende, auf der Postkarte:

Kathaus.

Tauberbischofsheim.

Verlag von F.X. Bott Buch- u. Kunsthandlung Tauberbischofsheim

Gesetzlich geschützt 9119

10847

IN DER ALTSTADT VON TAUBERBISCHOFSHEIM laden neben dem Kurmainzischen Schloss aus der zweiten Hälfte des 13. Jahrhunderts noch zahlreiche Renaissance-Häuser zu einem Rundgang ein. Das Rathaus im neugotischen Stil wurde 1865 erbaut.

DAS GOLDENE ZEITALTER DER ANSICHTSKARTE (1870–1918) GESCHICHTE – ENTWICKLUNG – MOTIVE

Die Entstehung der Ansichtskarte

Als erstes umfassend genutztes Medium zur unverhüllten postalischen Kommunikation kann die 1865 in Preußen eingeführte offene Drucksachenkarte angesehen werden. Das Ministerium für Gewerbe und Handel legte hierzu folgende Regeln fest: *Gedruckte Anzeigen aller Art, wie Geschäfts-Avise, oder Preis-Courante (Preislisten), können – außer unter Streif- oder Kreuzband – fortan innerhalb des preußischen Postgebietes auch mittels offener Karten expediert werden.* Außer der Angabe des Empfängers, des Absenders und des Datums sowie der Unterschrift waren keine weiteren handgeschriebenen Zusätze auf dieser Karte erlaubt.

Noch im selben Jahr legte der preußische Geheime Postrat Dr. Heinrich von Stephan seiner vorgesetzten Behörde auch einen detaillierten Vorschlag zur Einführung einer Korrespondenzkarte vor, wo auf einem Postblatt offene Mitteilungen zu günstigem Tarif möglich sein sollten. Dieser wird vom Preußischen Generalpostamt aus finanziellen Gründen abgelehnt, doch es werden moralische Bedenken als Begründung angegeben: *Postboden, Kinder und Dienstpersonal könnten die offenen Botschaften lesen und anonymer Missbrauch sei möglich.* Stephan hielt an seiner Idee fest und informierte auf der 5. Deutschen Postkonferenz in Karlsruhe die Teilnehmer inoffiziell über seinen Vorschlag.

Eine entsprechende Idee wird 1869 in der Wiener Zeitung (Neue Freie Presse) von Dr. Emanuel Herrmann, Professor der Militärakademie, publiziert. Die österreichische Post findet den Vorschlag gut und beginnt im Oktober mit dem Verkauf der ersten Correspondenz-Karte. Sie hat ein Format von 12,2 x 8,5 cm und trägt eine eingedruckte Wertmarke. Die Seite mit der Wertmarke enthält einen Vordruck für die Anschrift und darf nur dafür genutzt werden, während die andere Seite für Mitteilungen reserviert ist. Bereits bis zum Ende des Einführungsjahres werden in Österreich knapp drei Millionen Karten verkauft.

Am 26. April 1870 wird Dr. Heinrich von Stephan zum Generalpostmeister des Norddeutschen Bundes ernannt und führt zum 1. Juli 1870 dort und dann sukzessive in den anderen deutschen Staaten die Correspondenz-Karte ein. Entgegen seinen Vorstellungen muss er hinnehmen, dass die Karte nicht billiger als ein Brief und die Wertmarke nicht eingedruckt ist. Die im Norddeutschen Bund eingeführte Karte ist auch für die anderen deutschen Staaten zugelassen, während die Karten von Bayern, Baden und Württemberg auf den Binnenverkehr

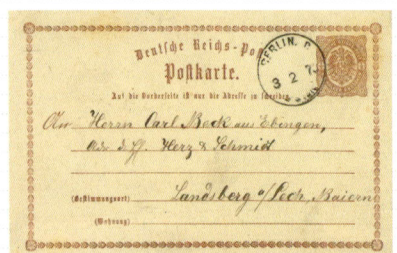

OBEN: Correspondenz-Karte des Norddeutschen Bundes vom 16. Juli 1870
UNTEN: Anschriftenseite der Postkarte vor dem 1. Februar 1905 mit dem Hinweis: *auf der Vorderseite ist nur die Adresse zu schreiben*

beschränkt sind. Die Karten werden zwar im Deutsch-Französischen Krieg von 1870/71 eifrig genutzt, leider stellt sich aber durch ihren hohen Preis kein so überwältigender Erfolg wie in Österreich ein.

Deshalb reduzierte man zum 1. Juli 1872 das Porto um die Hälfte auf einen halben Silbergroschen und führte ein neues Formblatt mit der Bezeichnung Postkarte und dem Format 14,4 x 8,8 cm ein, nun auch mit eingedruckter Wertmarke. Die Anschriftenseite (Vorderseite) durfte weiterhin nicht für Mitteilungen genutzt werden. Auch ließ man nun privat hergestellte Karten zu, sie mussten lediglich in Stärke und Größe der amtlichen entsprechen und durften Vignetten tragen, womit die Illustration amtlich geduldet war. Damit begann der Siegeszug der Postkarte im Deutschen Reich mit 8,5 Millionen verkauften Exemplaren im Einführungsjahr und 26,9 Millionen im darauffolgenden Jahr. Darin sind die Zahlenwerte von Bayern und Württemberg nicht einmal enthalten, da diese beiden Königreiche eigene Posthoheit hatten.

Wer nun die erste Postkarte mit Abbildungen im Deutschen Reich kommerziell hergestellt hat, lässt sich nicht eindeutig beantworten. Als einer der Pioniere darf man den Hofbuchhändler August Schwarz aus Oldenburg bezeichnen, der am 16. Juli 1870, also 14 Tage nach der Einführung der Correspondenz-Karte, eine von ihm gedruckte Bildpostkarte versandte. Das Bild war nur 2,5 x 3,5 cm groß und stellte einen Kanonier mit Ladestock und eine Kanone dar. Trotz dieses frühen Starts setzte sich das Bebildern der Postkarte nur zögerlich durch.

Ab 1890 nahm die Verbreitung der Ansichtskarte deutlich zu, und auch die Sammeltätigkeit erfasste in zunehmendem Maße alle Bevölkerungsschichten. Die ersten Sammelvereine (Kosmopolit, Centralverband für Ansichtskarten-Sammler u.a.) wurden 1894 gegründet und ab 1895 die ersten Sammlerzeitschriften (Zeitschrift für Ansichtskarten-Sammler und Liebigbilder-Interessenten, Internationale Postkarten-Zeitung u.a.) herausgegeben. Viele Firmen und Geschäfte stiegen in die Herstellung und den Vertrieb von Ansichtskarten und Accessoires zum Sammeln ein.

Der 1. Februar 1905 ist bei der postalischen Entwicklung der Postkarte noch ein wichtiges Datum, denn von diesem Zeitpunkt an wurde die Hälfte der Anschriftenseite für Mitteilungen zugelassen, so dass die Bildseite nun voll für Abbildungen zur Verfügung stand.

Die Abbildungen auf den Postkarten umfassten von Anbeginn an Orts- und Landschaftsansichten sowie Personen, Tiere und Gegenstände in natürlicher und künstlerischer Darstellung, ebenso künstlerisch gestaltete Schriften. Je nach Art des Bildes und Gebrauch der Karte sprach man deshalb von Ansichtskarten, Glückwunschkarten, Werbekarten, Motivkarten, Soldatenkarten, Künstlerkarten, Patriotischen Karten und anderem mehr. Sehr früh bürgerte sich dabei die Bezeichnung Ansichtspostkarte oder Ansichtskarte als Oberbegriff ein. Diese wiederum gliedert man heute in Topographische Ansichtskarten, mit der Abbildung von Landschaften, Ortschaften und Gebäuden, während der Rest meist unter Motiv-Ansichtskarten zusammengefasst wird.

Höhepunkt der Verbreitung und der gestalterischen Entwicklung der Ansichtskarte – das goldene Zeitalter – waren die Jahre von etwa 1890 bis zum Ersten Weltkrieg.

Anschriftenseite der Postkarte ab dem
1. Februar 1905

Die Herstellung der frühen Ansichtskarten

Es gibt zahlreiche Techniken für die Herstellung von Ansichtskarten. Die bekanntesten werden nun kurz erläutert:

LITHOGRAPHIE (STEINDRUCK)   Das Flachdruckverfahren der Lithographie (Steindruck) wurde 1796/97 von dem Deutschen Alois Senefelder entwickelt und nutzt als Druckmedium feinkörnige, kohlensaure Kalkschiefersteine, in der Regel aus Solnhofen. Auf diese Steine wird das Bild vom Lithographen mit einer speziellen Tusche oder Kreide gezeichnet oder gemalt. Nach einer Behandlung des Steins mit Salpetersäure und Gummiarabikum nimmt die Oberfläche nur an den mit der Tusche oder Kreide behandelten Stellen die Druckfarbe an. In einer geeigneten Presse können mit einem so vorbereiteten Stein Auflagen bis zu 2000 Blatt gedruckt werden. Als eines der ersten Verfahren erlaubte die Lithographie auch die Herstellung guter farbiger Drucke, Chromolithographien genannt. Dazu musste je Farbton ein eigenes Bild auf Stein gezeichnet oder gemalt werden, neben dem Konturstein für schwarz bis zu zwölf Farbsteine. Beim Übereinanderdrucken mit lasierenden Farben erhielt man damit leuchtend bunte Abbildungen mit einer Vielfalt von Mischtönen.

Als sich um 1885 die Ansichtskarte immer mehr verbreitete, dominierte als Herstellungsverfahren die Lithographie – zunächst einfarbig und um 1892 mehrfarbig –, was bis etwa 1900 anhielt.

LICHTDRUCK   Hier handelt es sich ebenfalls um ein Flachdruckverfahren; die grundlegende Idee hatte der Franzose Poitevin 1855, die von anderen noch verbessert wurde, bis sie ab 1873 dann praktisch genutzt werden konnte. Auf einer mattierten Glasplatte wird eine Gelatineschicht aufgebracht, diese mit einem Zusatzstoff lichtempfindlich gemacht und bei 50°C getrocknet, worauf die Oberfläche ein feines Runzelkorn bildet. Ausgangspunkt für das zu druckende Bild sind Schwarzweiß-Negative von Fotos, mit denen die Gelatineschicht belichtet wird. Dabei quillt das Runzelkorn je nach Lichteinfall unterschiedlich stark und bildet die druckenden Partien, d.h., stark gehärtete Stellen drucken und ungehärtete weisen die Farbe ab. Nach dem Einwalzen mit Druckfarbe konnten mit der Glasplatte in der Lichtdruck-Schnellpresse Auflagen von bis zu 2000 in sehr guter Qualität hergestellt werden. 1877 wurde das Verfahren von Josef Albert so erweitert, dass der Mehrfarben-Lichtdruck möglich war. Mit der verstärkten Nutzung von Fotos ab 1896 für Topographische Ansichtskarten fand der Lichtdruck breite Anwendung.

PHOTOCHROMDRUCK   Um auf der Basis der Lithographie mit Schwarzweiß-Negativen auch Farbdrucke herstellen zu können, entwickelten die Firmen Orell Füßli & Co. in Zürich und kurz danach Wezel & Naumann in Leipzig den Photochromdruck und ließen diesen 1888 patentieren. Die lithographischen Steine zum Drucken entstanden dabei halb fotomechanisch und halb manuell, wobei das Fotonegativ zur Herstellung des Zeichensteins (Schwarzstein) und der Farbsteine diente. Anfänglich verwendete man sechs, später bis zu achtzehn Farbsteine. In einem ersten Schritt übergoss man die Steine mit einer lichtempfindlichen Schicht aus Asphalt. Durch das anschließende Belichten der Steine mit dem

Fotonegativ wurde die Körnung des Asphaltes je nach Lichteinfall unterschiedlich gehärtet, was die druckenden Punkte ergab. Den einzelnen Farbsteinen ordnete man dann jeweils einen Farbton zu und bestimmte durch manuelle Bearbeitung der Asphaltschicht dieses Steines mit Terpentinöl und anderen Hilfsmitteln, bei welchen Bildflächen der Farbton mit welcher Intensität gedruckt wird. Wie bei Chromolithographien verwendete man zum Drucken die Steindruck-Schnellpresse.

Ab 1891 setzten Orell Füssli & Co. als erste die Photochromie zur Herstellung von Photochrom-Farbdrucken in hohen Stückzahlen für großformatige Landschafts- und Städteansichten ein, und ab 1896 wurden damit auch Ansichtskarten hergestellt.

BUCHDRUCK   Um farbige Abbildungen – d.h. Zeichnungen, Gemälde, Aquarelle – auch mit der Buchdruckpresse im Hochdruckverfahren vervielfältigen zu können, griff man auf das 1881 von Meisenbach u.a. erfundene Autotypie-Verfahren zurück. Dabei werden aus der Original-Abbildung mittels farbiger Lichtfilter die drei Grundfarben gelb, rot und blau selektiert, über ein Netzraster die Bildpunkte erzeugt und diese in mehreren Zwischenschritten auf lichtempfindlich gemachte Kupfer- oder Zinkplatten übertragen. Danach erfolgte das Ätzen der Platten in mehreren Stufen, so dass die Druckform, das Klischee, entstand. Mit dieser konnte man, eingespannt in die Buchdruck-Schnellpresse, Auflagen bis zu 50.000 herstellen. Die entstehenden Rasterbilder erzielten zunächst aber nicht die bei Lithographien oder dem Lichtdruck erreichbare Qualität des Bildkontrastes. Später wurde das Verfahren auf den Vier- und Fünffarbendruck ausgebaut.

Beginnend um 1898 stellte man auch Ansichtskarten mit diesem Verfahren her, das für die Massenproduktion besonders geeignet war.

KOMBINATIONSDRUCK (HELIOCHROM- UND AUTOCHROMDRUCK)   Der Heliochromdruck ist eine Kombination von Licht- und Steindruck. Hier wird ausgehend von einem Schwarzweiß-Foto im Lichtdruck das Bild einfarbig gedruckt und dann mit vorbereiteten Farbsteinen überdruckt und damit quasi maschinell koloriert. Die Vorzüge beider Verfahren ergänzen sich hier optimal, d.h., man erhält äußerst kontrastreiche Ansichtskarten-Drucke in farbenprächtiger Ausführung.

Der Autochromdruck ist eine Kombination von Buch- und Steindruck, wo auch ausgehend von einem Schwarzweiß-Foto im Autotypie-Verfahren die Schwarzdruckplatte hergestellt wird und man gleichzeitig damit über Klatschdrucke die Konturenpausen für vier bis sechs Farbsteine erstellte. Orientiert an dieser Kontur bereitet dann der Lithograph die Farbsteine in Handarbeit für das Drucken vor und überdruckt damit das Konturbild in der Steindruckpresse mit den Farbsteinen. Auf diese Weise kann man preiswert farbenprächtige Ansichtskarten-Drucke erzielen, allerdings bei etwas eingeschränktem Bildkontrast.

PRÄGUNG   Von 1897 an wurde die Prägung bei Ansichtskarten eingesetzt und schuf die Möglichkeit zur räumlichen Gestaltung. Zunächst zur Hervorhebung von Himmelskörpern und deren Reflexen sowie zur plastischen Gestaltung von Wappen bis hin zur räumlichen Ausformung kompletter Ansichten. Besonders stark verbreitet war die Prägung bei der Herstellung von Passepartout- und Ziermotiv-Ansichtskarten.

Die zeitliche Entwicklung
der Topographischen Ansichtskarten

Da die Ansichtskarte durch die postalischen Vorschriften, die Herstellungstechnik, das Design, den Inhalt und Verwendungszweck bestimmt ist, kann man entsprechend viele Erscheinungsformen unterscheiden. Die Übersicht folgt der zeitlichen Entwicklung der Ansichtskarten.

STAHLSTICH-ANSICHTSKARTEN MIT MITTEILUNGSFELD

Die ersten in einem größeren Einzugsgebiet verbreiteten Topographischen Ansichtskarten stammen von Franz Rorich in Nürnberg. Er war Stahlstecher und hat zunächst Stahlstiche für Zierbriefe mit zwei übereinander liegenden Bildleisten hergestellt. Diese wurden dann auch für Ansichtskarten verwendet, wobei immer nur eine Bildleiste gedruckt werden konnte, um ein Mitteilungsfeld noch frei zu lassen. Alles ist dabei sehr sachlich ausgeführt, die Ortsbilder sind rechteckig, auf Ornamente und Ziermotive wird verzichtet und die Bildunterschriften sind in klassischer Antiqua. Gedruckt wurde in kleinen Stückzahlen direkt auf die von der Post beziehbaren Postkarten-Vordrucke.

So hergestellte Ansichtskarten gibt es von 122 Orten in Mittel- und Süddeutschland, der Schweiz, Frankreich und Luxemburg, wobei das älteste Exemplar aus dem Jahr 1882 überliefert ist.

GEZEICHNETE EINBILD-ANSICHTSKARTEN MIT ZIERMOTIV UND MITTEILUNGS-FELD

Seit 1883 wurden erstmals gezeichnete Ansichtskarten in größerem Umfang als einfarbige Lithographien mit teils sehr aufwändig gestalteten Ziermotiven hergestellt. Gedruckt hat man zunächst auf einen einfachen braunen Karton, dessen Oberfläche noch nicht mit einer Kreideschicht versehen war.

Franz Scheiner aus Würzburg, der dort eine Lihographieanstalt besaß, bot als Erster für das gesamte Deutsche Reich und einzelne Orte in Frankreich, Italien und Österreich diese Ansichtskarten an. Er konnte dabei auf einen Fundus von ungefähr einhundert Ziermotiven zurückgreifen. Die Ortsbilder zeigen meist eine Gesamtansicht oder ein markantes Gebäude mit unterschiedlichen Ziermotiven. Bei diesen Ansichtskarten legte man auch besonderen Wert auf die Ausgestaltung der Schriften.

Andere, etwas später aufgetretene Anbieter verwendeten für die Ortsbilder häufig Darstellungen aus den damals so beliebten Leporellos.

OBEN: Stahlstich-Ansichtskarte mit Mitteilungsfeld, hergestellt von Franz Rorich
MITTE: Gezeichnete Einbild-Ansichtskarte mit Ziermotiv und Mitteilungsfeld der Lithographieanstalt Franz Scheiner
UNTEN: Gezeichnete Mehrbild-Ansichtskarte mit Ziermotiven und Mitteilungsfeld (Farb-Karte)

GEZEICHNETE MEHRBILD-ANSICHTSKARTEN MIT ZIERMOTIVEN UND MITTEILUNGS-FELD (»GRUSS AUS«-ANSICHTSKARTEN)

Mit dem 1890 beginnenden Ansichtskarten-Boom setzte sich ein Gestaltungsschema aus Abbildungen und Ziermotiven durch, das in der rechten unteren Ecke das notwendige Mitteilungsfeld frei ließ. Somit führte das hier angewandte und allgemein gewohnte Anordnungsprinzip »von links oben nach rechts unten« in harmonischer Weise von den Bildern zum Text. Dies bot besonders dann eine optimale Ästhetik, wenn auf dem Mitteilungsfeld schön geschrieben wurde. Dazu hatte sich bei diesen Ansichtskarten eingebürgert, vor den Landschafts-, Orts- oder Geschäftsnamen ein

»Gruss aus« zu setzen, was ihnen den Namen gab. Hergestellt wurden diese Ansichtskarten überwiegend als einfarbige und mehrfarbige Lithographien und einige Jahre später in geringem Umfang auch im Buchdruck.

Abhängig von der jahres- und tageszeitlichen Ausrichtung und farblichen Gestaltung unterscheidet man bei diesen Ansichtskarten folgende Ausprägungen: *Farb-Karten*, bei denen die Land- und Ortschaften zu sommerlicher Zeit mit vorwiegend blauem Himmel dargestellt sind. Dementsprechend sommerlich sind auch die verwendeten Ziermotive. *Winter-Karten* mit viel Schnee in der Landschaft und auf den Häusern sowie Schlittschuhläufern, Skifahrern und Rodlern. Um diese Ansichtskarten auch für das Neujahrsgeschäft nutzen zu können, wurden sie mit reich verzierten Grußformeln angeboten. Da Schnee auf weißer Unterlage nicht optimal zur Geltung kommt, grundierte man die Ansichtskarten-Oberflächen teilweise ockerfarben. *Mondschein-Karten* mit Ansichten bei Nacht und einem in der Regel hell leuchtenden Mond, der die Land- und Ortschaften noch sichtbar macht. Dabei sind der Schattenwurf und die Spiegelungen des Mondes auf den Gewässern stets sorgfältig herausgearbeitet. In der Luxusausführung werden diese Ansichtskarten mit einer Vielzahl von Farben hergestellt und auf weißen Grund gedruckt, während bei der einfachen Ausführung das Bild mit wenigen Grauwerten auf einen grünen Karton gedruckt und gelegentlich mit Silberfarbe der Mondschein nachgebildet wird. *Sonnenauf- und Sonnenuntergangs-Karten* runden das tageszeitliche Geschehen auf Ansichtskarten ab. In der Regel werden hierzu die gleichen Kontursteine wie bei den Mondscheinkarten verwendet, aber dann andere Farbsteine eingesetzt, um die Sonne und ihre Strahlen angemessen darzustellen. *Photographieton-Karten* bilden detailliert ausgeführte Zeichnungen mit der Lithographie und wenigen Brauntönen so nach, dass man meinen könnte, es handle sich um Echtphotos. Häufig gab es zu einer Farbkarte auch eine Photographieton-Karte, die preislich günstiger war. *Delfter Karten* wurden in wenigen Blautönen gedruckt, so wie sie auch beim Delfter Porzellan vorkommen. Auch diese Karten bildeten oft die preisgünstigere Ausführung zu den Farbkarten.

GEPRÄGTE PASSEPARTOUT-ANSICHTSKARTEN

Die bei Bildern, insbesondere bei Aquarellen und Grafiken genutzten Passepartouts aus dickem Karton mit ausgeschnittenen Bildflächen wurden ab 1899 auch auf Ansichtskarten mittels Prägung nachgebildet. Dabei hat man die mit aufwändigen Ziermotiven versehenen Passepartouts als Chromolithographien hergestellt und meist geprägt. Die Ortsbilder wurden nachträglich eingedruckt oder aufgeklebt, anfänglich als Zeichnungen im Lithographie-Verfahren und später überwiegend als Fotos im Lichtdruck. Durch dieses Verfahren konnte man die Passepartouts für beliebige Orte verwenden, so dass auch kleine Orte zu aufwändig gestalteten Ansichtskarten kamen. Da diese Ansichtskarten schnell zu einem sehr guten Geschäft wurden, ließen einige Hersteller und Verlage sie durch ein Gebrauchsmuster schützen. Gegenstand des Schutzes war dabei überwiegend die Art, wie man die Bildfläche durch Prägung vom Passepartout abhob.

Nach 1905 wurden die Passepartout-Ansichtskarten komplett im Lichtdruck hergestellt, man verzichtete weitestgehend auf eine Prägung und erreichte damit nicht mehr die Brillanz und Vielfalt wie in den Jahren zuvor.

OBEN: Ziermotiv-Ansichtskarte als Chromolithographie mit eingefügtem Bild
UNTEN: Ziermotiv-Ansichtskarte im Heliochromdruck mit eingefügten Fotos

OBEN: Vollbild-Foto-Ansichtskarte nach einer Fotoaufnahme, hergestellt im Lichtdruck
UNTEN: Vollbild-Foto-Ansichtskarte nach der Fotoaufnahme einer Landschaftszeichnung, hergestellt im Heliochromdruck

ZIERMOTIV-ANSICHTSKARTEN MIT EINGEFÜGTEN BILDERN ODER FOTOS

Spielte bei den Passepartout-Ansichtskarten das Ziermotiv noch eine untergeordnete Rolle, so übernahm es bei den vorliegenden Ansichtskarten die Hauptrolle, und die Bilder wurden zur Nebensache.

Anfänglich stellte man sowohl das Ziermotiv als auch die Bilder als Chromolithographien in geprägter Ausführung her, wobei die Kunstanstalt Rosenblatt aus Frankfurt hier Marktführer war. Diese Firma hatte rund fünfzig verschiedene Ziermotive in ihrem Programm, insbesondere aus dem Pflanzenreich, aber auch Fische und verschiedene Arten von Muscheln. Besonders beliebt waren Ansichtskarten mit einem vierblättrigen Kleeblatt als Ziermotiv.

Nach 1905, als die Bildseite voll genutzt werden konnte, boten verschiedene Verlage derartige Ansichtskarten komplett im Lichtdruck an, teilweise mit nachträglicher Handkolorierung und auch im Heliochromdruck auf der Basis gezeichneter oder fotografierter Ziermotive und einmontierter Fotos. Dabei wurden die Ziermotive auf Schmetterlinge, Buchstaben, Zeitungen, Postanweisungen, Banknoten, Bierfässer, Bier- und Weingläser, Ballons u.a. ausgeweitet.

VOLLBILD-FOTO-ANSICHTSKARTEN

Mit der Teilung der Anschriftenseite der Ansichtskarten zum 1. Februar 1905 und der Zulassung von Mitteilungen auf derselben nutzte man sehr schnell die volle Bildseite für Abbildungen. Inzwischen war die Ansichtskarte zum Massenprodukt geworden, so dass es galt, schnell, in hohen Stückzahlen und zu möglichst niedrigem Preis zu drucken. Darunter litt die gestalterische Vielfalt, und es wurden nur noch selten Ziermotive und speziell verzierte Rahmen verwendet. Auch die Beschriftung der Abbildungen beschränkte man auf das Notwendigste, ein »Gruss aus« ist nur noch selten zu finden.

Ausgangspunkt waren nun überwiegend Fotoaufnahmen, aus denen die Ansichtskarten bei einfarbiger Ausführung im Lichtdruck sowie bei mehrfarbiger Gestaltung im Heliochromdruck, Autochromdruck und Photochromdruck hergestellt wurden; auch hat man vereinzelt noch Lichtdrucke von Hand koloriert. Um ansprechende topographische Abbildungen zu erhalten, wurde ein breites, nachfolgend aufgezeigtes Spektrum an Möglichkeiten genutzt, was sich auch in der Gestaltung der Ansichtskarten ausdrückte:

Topografische Fotoaufnahme: Bei dem am häufigsten genutzten Verfahren verwendete man die im Freien aufgenommenen Fotos direkt für die Herstellung von Ansichtskarten. Dabei wurde noch intensiv retuschiert und mancher Hersteller rühmte sich, »artistische Retusche« durchzuführen. Neben einem die ganze Fläche füllenden Bild hat man auch Ansichtskarten mit geteilter Fläche und mehreren Bildern angeboten, wobei auf Ziermotive nun meist verzichtet wurde. Um Ansichten aus der beliebten Vogelschau anbieten zu können, setzte man Leitern, Teleskopmasten, Tauben, Ballons und Flugzeuge ein, erzielte aber nicht immer die gewünschten Erfolge.

Fotoaufnahmen von Landschaftszeichnungen- und –bildern: Da die fotografierten Vogelschau-Ansichten aus technischen und finanziellen Gründen nicht immer möglich waren, ließ man sie durch entsprechend begabte Künstler in mehrfacher Ansichtskarten-Größe zeichnen oder malen. Dabei konnte man auch Bildelemente weglassen oder versetzen, die eine Ansicht störten. Viele Künstler machten Rundreisen durch bestimmte Gegenden und zeichneten oder malten im Auftrag der Verlage. Die dabei erstellten Vorlagen wurden dann

im Atelier fotografiert (reproduziert) und mit den dabei gewonnenen Fotonegativen in bekannter Weise die Ansichtskarten hergestellt.

Fotoaufnahmen mit Staffagen: Bei Aufnahmen von Straßenzügen und Geschäftsgebäuden legte man großen Wert darauf, auch belebte Szenerien mit Personen und Verkehrsmitteln abzubilden. Da dies auf natürliche Weise nur in den seltensten Fällen gelang, griff man auf die Methode der »Staffagen« zurück. Man erstellte getrennte Aufnahmen von interessanten Personen und Verkehrsmitteln und fügte diese dann später als Staffagen in die Fotoaufnahmen ein. Dabei gelang es nicht immer, dies in der richtigen Größe und Perspektive zu tun, so dass man so hergestellte Ansichtskarten leicht erkennen kann. Die Kunstanstalt Gebr. Metz aus Tübingen bot viele solcher Ansichtskarten an.

Verfremdete Fotoaufnahmen: Mit der Retusche wurden Fotoaufnahmen nicht nur verbessert, sondern auch gänzlich neue Designs geschaffen, die mit der realen Welt nichts mehr zu tun hatten. So schwebten plötzlich Personen an Regenschirmen vom Himmel, andere wiederum bereisten die himmlischen Gefilde auf einem Bierfass. Der Höhepunkt der Verfremdung wurde mit den Zukunfts-Karten erreicht, wo in Straßenzüge und Ortschaften ein breite Palette von Verkehrsmitteln der Zukunft einmontiert ist. Am Himmel drängen sich Schwebebahnen, Luftschiffe, Flugzeuge, Fallschirme und Ballons, während die Straße von einer Vielzahl von Bahnen, Autos und Motorrädern bevölkert ist.

Besondere Ausführungsarten bei Topographischen Ansichtskarten

eim Sammeln von alten Ansichtskarten unterscheidet man heute insgesamt etwa 300 verschiedene Ausführungsarten. Nachfolgend werden einige wenige aus dem Bereich der Topographischen Ansichtskarten behandelt, die auch in diesem Buch vorkommen.

EREIGNIS-ANSICHTSKARTEN

Schon sehr früh stellte man auf den Ansichtskarten sowohl zeitgeschichtliche als auch vereinsgeschichtliche Ereignisse dar. So sind Ansichtskarten zum Brand des Königlichen Hoftheaters in Stuttgart (1902), zur Ablösung der bayerischen und württembergischen Briefmarken durch die deutsche Einheitsmarke (1903), zum Untergang der Titanic (1912), zur Abdankung des württembergischen Königs (1918) und vielen anderen aktuellen Ereignissen angeboten worden. Auch wenn das Ereignis unverhofft kam, erschienen oft schon am nächsten Tag die ersten Ereignis-Ansichtskarten. Besonders die Ereignisse der Vereine, Verbindungen und Berufsgruppen mit ihren aufwändig gefeierten Jubiläen und überregionalen Treffen waren ein lukrativer Markt für die Verlage. Außer der Abbildung des Veranstaltungsortes oder Festplatzes sind auf diesen Ansichtskarten stets die Insignien des Vereines dargestellt: bei den Sängern häufig Lyra oder Laute, bei den Turnern die Gerätschaften und Wappen zusammen mit einem Bild von Turnvater Jahn. Im Rahmen der Beschriftung ist das Ereignis stets benannt und zeitlich datiert sowie der Veranstaltungsort angegeben.

Ereignis-Ansichtskarte vom Liederfest in Ellwangen

Im Verlauf der Jahre wurden Ereignis-Karten mit den unterschiedlichsten Druck- und Designtechniken hergestellt.

HALTE-GEGEN-LICHT-ANSICHTSKARTEN

Bei den seit 1897 angebotenen Halte-gegen-Licht-Ansichtskarten erscheint das Bild, wenn man es in der Durchsicht vor einem dahinter gehaltenen starken Licht betrachtet, in veränderter Färbung gegenüber der Betrachtung bei auffallendem Licht. Zeigt das Bild beispielsweise im auffallenden Licht ein Straßenbild bei Tageslicht, so erscheint es bei der Durchsicht gegen das Licht als Nachtansicht im Mondlicht mit hell beleuchteten Fenstern und Straßenbeleuchtung. Zur Realisierung dieser Effekte bestehen diese Ansichtskarten stets aus zwei Blättern, dem Bildblatt und dem Anschriftenblatt, die später zusammengeklebt werden.

Ausgestanztes Bildblatt: Das aus starkem Karton hergestellte Bildblatt wird an den Stellen ausgestanzt, wo beim Halten gegen das Licht dieses durchscheinen soll. Beispielsweise bei Fenstern, Türöffnungen, Lampen und insbesondere beim Mond. Das aus dünnem Papier hergestellte Anschriftenblatt bedruckt man dann auf der Innenseite flächig schwarz und an den Stellen durchscheinend bunt, wo auf dem Bildblatt die ausgestanzten Öffnungen sind. Auf diese Weise erhält man beim Halten gegen Licht ein dunkles Gesamtbild mit hell strahlenden Lichtquellen. Hergestellt wurden diese Ansichtskarten von der Firma Hagelberg in Berlin.

Rückseitig bedrucktes Bildblatt: Das aus dünnem, transparentem Papier hergestellte Bildblatt wird auf seiner Rückseite so bedruckt, dass an den Stellen, wo das Licht durchscheinen soll, keine Farbe ist. Dort, wo das Licht leicht durchscheinen soll, werden eine graue und ansonsten eine tief schwarze Tönung aufgebracht. Nach dem Zusammenkleben mit dem ebenfalls dünnen Anschriftenblatt kann man beim Halten gegen Licht helle Lichtquellen auf einem dunklen, fein gestuften Hintergrund sehen. Damit erhält man sehr stimmungsvolle Nachtansichten. Solche Ansichtskarten wurden von der Firma Schwerdtfeger und Co. in Berlin (METEOR) und der Firma Gebr. Metz in Tübingen hergestellt.

Die erläuterten Formen und Herstellungstechniken bei den Ansichtskarten in ihrer Blütezeit zeigen, mit welchem Ideenreichtum sowie hohem gestalterischen und handwerklichen Können hier gearbeitet wurde. Auch wenn die Hilfsmittel oft einfach waren, so wurden doch hervorragende Ergebnisse erzielt, wie beispielsweise an den heute noch kräftig leuchtenden Farben bei den meist einhundert Jahre alten Ansichtskarten zu erkennen ist.

OBEN: Halte-gegen-Licht-Ansichtskarte mit ausgestanztem Bildblatt
UNTEN: Halte-gegen-Licht-Ansichtskarte mit rückseitig bedrucktem Bildblatt

LITERATUR

HOERNER, LUDWIG. Das photographische Gewerbe in Deutschland 1839-1914. Düsseldorf: GFW-Verlag 1989.

IHME, ROLF. Lexikon alter Verfahren des Druckgewerbes, Band 7, Teil 1 des Lexikons der gesamten grafischen Technik. Itzehoe: Verlag Beruf und Schule 1994.

KRAUSE, ALBRECHT/HRSG. HAUS DER GESCHICHTE BADEN-WÜRTTEMBERG. Zu schön um wahr zu sein: Photographien aus der Sammlung Metz. Stuttgart: Arnoldsche 1997.

PIESKE, CHRISTA. Das ABC des Luxuspapiers: Herstellung, Verarbeitung und Gebrauch 1860 bis 1930. Berlin: Reimer 1983.

ROSNER, MAXIMILIAN. Die frühen Ansichtskarten mit Stahlstichen von Franz Rorich in Nürnberg. Nürnberg: Eigenverlag 2003.

SCHMIDT, CLAUS-TORSTEN. Die frühen Postkarten (ab 1883) des Franz Scheiner aus Würzburg. Düsseldorf: Eigenverlag 1984.

STUMPP, GERHARD. Passepartout-Ansichtskarten mit geprägter Umrahmung, in: Ak-Express Nr. 111. Essen: Sobkowiak 2004.

STUMPP, GERHARD/HRSG. Stadtarchiv Esslingen am Neckar. Der Königlich Württembergische Hoffotograf Karl Liebhardt (1846–1916) und seine Ansichtskarten, in: Esslinger Studien Nr. 43. Ostfildern: Thorbecke 2004.

WALTER, KARIN. Postkarte und Fotografie: Studien zur Massenbild-Produktion. Phil. Diss. Würzburg 1995.

WEIDMANN, DIETER. Postkarten: von der Ansichtskarte bis zur Künstlerkarte. München, Berlin: Deutscher Kunstverlag 1996.

WEISS, PETER/STEHLE, KARL. Reklamepostkarten. Basel, Boston, Berlin: Birkhäuser 1988.

IMPRESSUM

Bibliographische Information der Deutschen
Nationalbibliothek
Die Deutsche Nationalbibliothek verzeichnet diese
Publikation in der Deutschen
Nationalbibliographie; detaillierte bibliografische
Daten sind im Internet über http://dnb.d-nb.de
abrufbar.

© 2006 by Jan Thorbecke Verlag der
Schwabenverlag AG, Ostfildern
www.thorbecke.de · info@thorbecke.de

Dieses Buch ist aus alterungsbeständigem Papier
nach DIN-ISO 9706 hergestellt.
Gestaltung: Finken & Bumiller, Saskia Bannasch,
Stuttgart
Gesamtherstellung: Jan Thorbecke Verlag,
Ostfildern
Printed in Germany
ISBN-13: 978-3-7995-0172-9
ISBN-10: 3-7995-0172-X

Redaktion: Frederik Hauser

BILDNACHWEIS

Der Verlag dankt dem Autor für die Vermittlung
sämtlicher Bildvorlagen.